Querer para vender

134 impulsos que te harán disfrutar como Vendedor

Querer para vender

134 impulsos que te harán disfrutar como Vendedor

Ladislao Mollá

DOBLERRE
EDITORIAL

Primera edición: marzo 2015
Segunda edición: junio 2015
Tercera edición: marzo 2016

www.dobleerreeditorial.com
info@doblerre.com

Maquetación y portada: Izar Pla Pablos

Impresión: Anman Gràfiques del Vallès SL

ISBN: 978-84-936120-8-5
Depósito Legal: B. 5453 - 2015

Cuando cambiamos nuestra forma de mirar las cosas,
las cosas que miramos cambian.

Wayne W. Dyer

A Ángela,
mi mujer, mi equilibrio, mi suerte.

A Marina, Gonzalo y Jaime,
nuestros hijos, nuestro equipo, nuestro todo.

A Jesús,
mi querido y recordado hermano.

ÍNDICE

PRÓLOGO

Conozco a Ladislao Mollá, socio-director de MRC Training, desde hace años. Como profesor de ESIC-Business & Marketing School, viene aportando y compartiendo desde entonces toda su experiencia con la Escuela y, sobre todo, su pasión por la venta.

La actividad comercial, entendida como un enfoque claro al mercado y al cliente, como eje central de la generación de beneficio sostenido y sostenible, es algo que está en el ADN de nuestra Escuela y que compartimos plenamente con él.

Todo lo concerniente a la venta, Ladislao lo vive en primera persona y lo transmite con todo el entusiasmo del que es capaz, que es mucho, desde el íntimo convencimiento de que esta actividad profesional es vital para el desarrollo y la proyección de toda actividad empresarial. Como dice en uno de los capítulos del libro: "o vendemos o cerramos".

Para nuestro autor no existe la semántica en lo que respecta a la figura del VENDEDOR, a la que él se refiere así, con mayúsculas. No existe el "asesor de ventas", el "consultor de negocio", el "promotor comercial", etc. Existe el

VENDEDOR, término que Ladislao reivindica constantemente y que considera revestido de una gran nobleza.

En su libro nos pone de manifiesto una serie de aspectos actitudinales y valores que giran en torno a la figura del vendedor, y que él entiende como esenciales para afrontar el nada fácil contexto de la venta.

El autor habla de convicción, de confianza en lo que uno hace, de querer y de poder. En definitiva, de creer en lo que se hace. De la dosis de pasión necesaria para desarrollar un marco de relaciones con el cliente basado en la mutua generación de valor, en el que ambas partes se encuentran cómodas, y que debe dibujarse en un horizonte de largo plazo.

También habla de proactividad, como rasgo actitudinal necesario que nos permite ser positivamente activos ante los cambios y ante los retos; que, en el cometido del vendedor, se traduce en la inquebrantable voluntad de adaptarse a las necesidades del cliente planteándole soluciones.

Ladislao cree firmemente en el respeto, en el compromiso y en la generosidad. Son valores que, sin duda, fortalecen el aspecto relacional de la venta, toda vez que lo puramente transaccional responde fielmente a la promesa de venta realizada al cliente con antelación.

Todo ello, junto con la asunción de un compromiso ineludible de mejora constante, deviene en un conjunto de factores y atributos que contribuyen al éxito del vendedor y a que su actividad resulte rentable.

Desde los orígenes de la Escuela, hace ya cincuenta años, también son actitudes y valores que compartimos, desarrollamos y trasladamos a nuestros alumnos de una forma transversal en nuestros programas. Nuestra pasión, que es la formación de profesionales y directivos, y que Ladislao igualmente comparte, también tiene su importante momento en este libro.

Nos encontramos, pues, querido lector, ante un relato ameno y novelado que constituye un auténtico manual de consulta y referencia para todos aquellos que dirijan sus pasos hacia la gratificante y noble profesión de la venta.

Que lo disfrute.

Simón Reyes Martínez-Córdova
Director General de ESIC - Business & Marketing School

Entre su actividad docente, además de ESIC-Business & Marketing School, centro educativo adscrito a la Universidad Rey Juan Carlos de Madrid, destaca su trayectoria como profesor de Teología de la Educación y profesor de Ética y Deontología en la Facultad de Pedagogía y Psicología de la Universidad Pontificia de Salamanca. Es miembro de la European Foundation for Management Development (EFMD), de la Asociación Española de Ética de la Economía y de las Organizaciones (EBEN-España), y presidente de la Asociación Española de Escuelas de Dirección de Empresas (AEEDE).

¿POR QUÉ ESTE LIBRO?

Yo vendo, tú vendes, él vende,... Siempre se ha dicho que, de alguna forma, todos vendemos. De niños tenemos que vender a nuestros padres que nos regalen juguetes o nos lleven al parque de atracciones, de jóvenes que nos den dinero o nos dejen el coche y, ya de mayores, a la inversa, somos los padres los que tenemos que venderles que estudien o que hagan la cama. Siempre estamos vendiendo.

Y en todas las profesiones, aunque algunas no sean estrictamente comerciales, ocurre igual; el médico también de alguna forma necesita *vender* para conseguir pacientes, el abogado clientes y el profesor alumnos.

Pero claro, cuando encima ocurre que en unas pocas décadas —como las últimas que hemos vivido— el mercado se da la vuelta como un calcetín y de tiempos de abundancia pasamos a otros de escasez e incluso de crisis, ya no vale sólo con dar al cliente un buen producto o servicio y atenderle bien para que vuelva. No, ahora en todas las organizaciones necesitamos que, de forma activa, vendamos todos; desde el presidente hasta la última persona incorporada aunque sea con una beca de prácticas. Antes, en una empresa estaba claro quién vendía: el departamento Comercial; pero ahora es necesario que vendamos todos o, al menos, canalicemos cualquier oportunidad de venta que detectemos en el trato con el cliente. Esto tiene que ser así porque si no hay que cerrar. Es lo que hay.

En MRC Training, consultora especializada en entrenamiento de vendedores a la que tengo el privilegio de pertenecer, llevamos unos años entrenando en Ventas a algunos perfiles profesionales tan alejados de la parte comercial que, desde luego, antes no se planteaba ni por asomo. Hablo de ingenieros, perfiles técnicos y operativos en campos como la seguridad, la limpieza y los servicios en general, por supuesto todo tipo de personal administrativo, hasta maîtres o camareros de salones de bodas e, incluso, profesiones donde parece que se lo dan todo vendido, como han sido recientemente médicos odontólogos. Y es que toca que nos pongamos todos a vender.

Este importante cambio de orientación hacia la venta, generalmente al profesional le llega impuesto –no lo pide– y, claro, de entrada le causa un gran rechazo y una gran desmotivación afectando, en la mayoría de los casos, también a su parcela personal. Porque, además, generalmente no se trata de un cambio de función sino de añadir ahora a lo de antes actividad comercial incluso con objetivos de venta. Es cuando parece que el mundo se ha puesto contra ti y en poco tiempo quieres tirar la toalla. Este es el caso de Diego, nuestro protagonista del libro. Un economista con una preparación extraordinaria que se ve abocado a vender servicios de asesoramiento financiero, algo que se niega a aceptar.

Así que si eres uno de los miles de profesionales que hoy están pasando por esto, éste es tu libro. Hace ahora veinticuatro años, yo mismo pasé también por este trance tras un giro drástico en mi trayectoria laboral, así que, echando la vista atrás y viendo todo lo que he pasado, ahora he escrito el libro que entonces me hubiera gustado y necesitado leer.

El libro, con sus personajes, su historia y su entorno, te harán ver de forma novelada y desde otro prisma el mundo de la venta, recibiendo además, hasta 134 impulsos extractados de las distintas vivencias de los protagonistas que, estoy seguro, te darán la energía necesaria para, primero, afrontar el cambio y, después, empezar a aceptarte, respetarte y quererte como vendedor.

Es muy posible que te veas reflejado en el hogar de Diego con su mujer Inés y su pequeña hija, y te sumerjas con ellos en su difícil pero cercana historia. Descubrirás después cómo Luis, el mejor amigo y compañero de empresa de Diego, con la complicidad de Inés, le llevan con mucha *mano izquierda* hasta Eduardo, un profesional de la venta que se encuentra aún superando un gran trauma personal. Eduardo primero será su principal enemigo para convertirse después en su mentor y, finalmente, incluso en su amigo.

Y te animo a que entres con ellos en Vendo –un original *Club de Vendedores* que, si no existe, habrá que inventarlo–, donde el que vende es entrenado pero, sobre todo, es respetado e incluso venerado. Esta vivencia, junto con alguna dura lección que vivirá Diego, hará cambiar poco a poco su actitud. Y, en tu caso, seguro que como mínimo te hará reflexionar sobre el *Diego* que puedas llevar dentro.

Adelante entonces, te animo a que te adentres en las entrañas del libro; merecerá la pena. Tus clientes y, sobre todo, tu equilibrio profesional como vendedor, te esperan...

Capítulo 1

Madrid, octubre de 2008

El hombre nace libre, responsable y sin excusas.
Jean Paul Sartre

Diego no está bien. Peleado con todo y con todos, tiene desesperada a su paciente mujer, Inés, y también olvidada a su pequeña hija, Lucía. Comprendida sólo por Merche –su especial compañera de trabajo–, Inés tiene claro que así no pueden seguir; algo tendrá que hacer...

—Diego, ¿has podido llamar hoy al electricista?

—No me hables... Hoy no me han soltado los grilletes ni para tomar un café.

—¿Por qué dices eso?

—¿Que por qué digo eso?... Si parece que se han puesto de acuerdo todos los jefes para hacernos la vida imposible. ¿Qué les queda? ¿Que trabajemos gratis?

—Hombre, tampoco será eso. Habéis tenido muchos cambios pero me imagino que no había otro remedio. Al fin y al cabo tú estás para contarlo... otros, ni eso.

—Mira Inés, no seas ingenua. Ahora somos el auténtico *hombre orquesta* y así es imposible que salgan las cosas. Yo no puedo hacer más. Ahora tengo que vender, atender clientes, papeleo para aburrirme, resolver marrones, enseñar *el debe y el haber* a la pandilla de torpes que van entrando,... Sólo me falta limpiar las oficinas... ¡Que no!..., ¡que yo ya tengo mucha mili para que vengan a tocarme las narices!... Pues a ver quién gana..., ellos sabrán lo que hacen.

—¿Tan mal estáis? En la cena del otro día, no noté a Luis tan quemado.

—¡Ya estamos con Luis! Luis, *Don Perfecto*. Él ha tenido mucha suerte con un par de clientes que le han salido y después con los que le han añadido a su cartera. Ya veremos lo que opina cuando se le acabe esa suerte.

—Pues estamos buenos.

—Buenos están ellos, los jefes, porque voy a empezar a pasar de todo. Que se apañen para buscar y atender ellos a los clientes. Que me echen si quieren. Yo soy así, si les gusta bien. Mira por donde, en casa no me perdería ni un solo campeonato de motos. Son las únicas que me entienden.

—Sí, pero de eso no se vive y sabes que no estás mal pagado.

—Pero bueno, ¿tú con quién estás?

Inés, su mujer, muy preocupada con la situación se marchó del salón a la cocina para preparar la cena de Lucía, mientras Diego, como siempre, se quedaba en el salón haciendo zapping en la tele de forma compulsiva.

La pequeña de dos años era la única hija que habían tenido. Llegó como un regalo cuando ya desesperados empezaban a pensar en algún tratamiento de fertilidad después de casi tres años buscando el embarazo. Ahora también llevaban tiempo buscando el *hermanito* pero lo ocurrido con Lucía les hacía estar más tranquilos.

Mientras batía los huevos de la tortilla que le iba a hacer a su hija, seguía dándole vueltas a la situación que desde hacía un tiempo vivía con Diego. Era una mezcla de preocupación y de rabia. Preocupación porque no entendía qué pasaba para que estuviera cada vez más amargado y que últimamente toda comunicación con él acabara en discusión. Sólo le había preguntado si había podido llamar al electricista, como quedó que haría, y acabaron una vez más discutiendo. Y rabia porque parecía que el tema del electricista era un problema de ella. Su indolencia en todo lo referente a la casa les generaba cada vez más problemas. Llevaban un mes de octubre muy lluvioso y cada vez que encendían la secadora se iba la luz en toda la casa. Sabían que era sólo un problema del enchufe y bastaba con cambiarlo, Diego podía pero no quería hacerlo y ya urgía resolverlo porque se les atascaba todo el tren de lavado. Eso sí, después al abrir el armario él exigía encontrar la camisa que se quería poner porque si no tenían una nueva bronca asegurada.

Al día siguiente, Inés llegaba al trabajo sin poder quitarse de la cabeza la mala situación que estaban atravesando. Como bióloga, trabajaba en el departamento de Investigación de Marpha, un laboratorio farmacéutico especializado en medicamentos realizados con sustancias y organismos marinos para aplicación principalmente en el campo de la oncología. Trabajaba mucho pero disfrutaba enormemente con lo que hacía. Además, al nacer su hija renegoció bien su horario de trabajo para poder recogerla de la guardería a las cuatro y media de la tarde, así que más no podía pedir. Pero hoy no era su mejor día.

—Hola *tía*, ¿estás bien? ¡Vaya *careto*!

Merche, su nueva compañera del departamento, una joven mezcla de castiza y *pasotilla* a la que estaba enseñando como en su día hicieron con ella, notó que algo andaba mal. Llevaban sólo dos meses juntas pero, a pesar de que inicialmente Inés se llevó las manos a la cabeza al ver el *elemento* que le habían asignado como ayudante en su proyecto, después fue descubriendo que era tan buena persona como excelente profesional y pronto sintonizaron bien.

—¿Por qué no pillamos un *cafeto*? Tenemos tiempo –añadió Merche tratando de prestarle ayuda.

—Sí, casi mejor. Gracias.

Al entrar en la sala que la empresa tenía habilitada con máquinas de café y comida rápida, no había nadie.

—¿Alguna *movida* con la cría? —le preguntó Merche.

—No, con Lucía todo bien. Es con Diego.

Tantas horas juntas había hecho que ya tuvieran un nivel de confianza alto. A poco de incorporarse, Merche compartió con ella un serio problema económico que tenía con uno de sus hermanos, así que ahora, cambiando los papeles, era Inés la que necesitaba su apoyo.

—¿Es fuerte la cosa?

—De momento no, pero si seguimos así, seguro que lo será.

—Ya *tía*, ¿problemas *chungos*?

—Sí. Estoy desesperada.

—Ya... ¿pero no lleváis juntos *la tira* de tiempo?

—Sí, son ya once años. Por eso, no sé cómo hemos podido llegar al punto en el que estamos. No le reconozco. Está amargado y me está amargando a mí.

—¿El *tío* ha cambiado mucho o qué?

—Sí, bastante. Nos conocimos un agosto en la playa; en La Antilla, en Huelva. Yo veraneaba siempre allí con mis padres y mi única hermana, la de Londres de la que te hablé. Él vino unos días invitado por su mejor amigo —se llama Luis— y, aunque no fue un flechazo de los de película, en septiembre ya de vuelta en Madrid empezamos a salir. Estuvimos siete años de novios y los casi cinco de matrimonio hacen los once años que llevamos juntos. Es verdad que ya desde el principio vi que era una persona de carácter pero eso me gustó. Me transmitió mucha seguridad. Pero ese carácter que antes era alegre y divertido, ahora es de una amargura total. Lo que hace el amor, ¿verdad?

—Sí *tía*, cómo lo sabes. De novios somos todos muy *chachis*. Pero algo más verías para *trincarle*...

—Sí, vi cosas que entonces con veinte años que tenía me deslumbraron. No le conoces pero, por ejemplo, tiene una complexión muy fuerte.

—Sí, ya lo vi en una foto que me enseñaste. ¡Vaya *armario*!

—Además era muy deportista, jugaba sobre todo al baloncesto y me encantó que tocara la guitarra. Formaba parte de la Tuna de su Facultad.

—Sí, sobre el papel, era *pa* caer.

—Precisamente esto último es un buen ejemplo de lo que ha cambiado. Cuando celebramos el primer día del padre, hace ya dos años, le regalé una guitarra y prácticamente no la ha estrenado.

—¡*Joder* con el *señorito*! —añadió Merche—. Y él, ¿se quedó enseguida *colgao* de ti?

—Pues antes hubiera dicho que sí, pero ahora lo dudo. Creo que para él yo era un buen partido. Y no hablo de dinero. Me refiero a que conmigo encontró la familia que nunca tuvo.

—¿Y eso?

—Nació en Toledo pero su madre murió en el parto. Entonces, su vida es verdad que no ha sido fácil. Tuvo una infancia complicada pero supo salir adelante bastante bien. La pena es que después a su padre le diagnosticaron un Alzheimer bastante prematuro. Ahora está allí, en Toledo, en una residencia.

—¡Qué *movida*! ¿Y hermanos?

—Ni hermanos ni prácticamente familia. Por parte de su padre sólo unos tíos con un hijo —su único primo— que viven también en Toledo; bueno en Bargas, muy cerca. Tienen un restaurante.

—¿Y familia de su *vieja*?

—¿De su madre?, ninguna. Eso es un misterio incluso para Diego. Siempre quiso hablar del tema con su padre pero se le adelantó la enfermedad. Algún día dice que lo hablará con sus tíos de Bargas.

—En Madrid entonces, ¿no tiene a nadie?

—No, su única familia es la que te digo.

—Por lo menos Toledo *pilla* cerca.

—Igual da. Como si estuvieran en Canarias. Va a ver a su padre de Pascuas a Ramos y porque yo me empeño. Y a sus tíos y a su primo ya casi ni los conoce.

—¡Qué *chungo*! Bueno, quizá tanta movida le ha dejado *mu tocao*.

—Claro que entiendo perfectamente que el tema familiar haya influido mucho en su carácter difícil y que le dejara una amargura de recuerdos. De hecho, tiene un lío impresionante sobre cómo fue su niñez; pasó épocas con el padre, otras con los tíos y, finalmente, estuvo interno aquí en Madrid. Si yo todo eso lo entiendo, si me llega a ocurrir a mí no sé cómo estaría, pero la historia de los casi doce años que hemos compartido juntos nada tienen que ver con ese pasado tan difícil. Lo tenemos todo. Un buen noviazgo, un buen matrimonio –al menos hasta ahora–, los dos trabajando, una situación económica más que aceptable, una buena casa aquí en Madrid y, sobre todo, una hija muy deseada, sana y que es una verdadera muñeca. Y no es amor de madre. De verdad, ya la conocerás.

—Ni que lo jures, *tía*. Esos tirabuzones rubios tiran de espaldas a cualquiera.

—¡Cómo lo sabes! Más de un publicista o productor de televisión nos han propuesto hacerle pruebas para algún anuncio o alguna serie.

—¿Y ha hecho algo? —preguntó Merche más interesada todavía.

—Si fuera por Diego estaríamos con este tema todo lo que pudiéramos pero yo me niego. Es de lo poco en lo que me he impuesto. Se puede ganar dinero, pero conozco el ambiente por una amiga que tiene un *hijo de cine* y no me gusta nada. Y no te cuento las palizas que suponen para el niño las interminables esperas y las maratonianas sesiones de fotos. Ni de broma.

—Ya. No conozco esa *movida*. Pero si es así, suena *chungo*.

—Bueno, vamos para arriba que se nos va la hora. Mil gracias por dejar que me desahogue contigo.

—La verdad *tía* es que te he valido de poca ayuda.

—De mucha, aunque no lo creas. Es algo que sufro a solas; no quiero preocupar a mis padres y menos a mi hermana en la distancia, así que me ha aliviado muchísimo hablar contigo.

—Sabes que tú también me has escuchado y aconsejado muy bien con lo de la *pasta* de mi hermano. Así que empatadas.

Espontáneamente se fundieron en un abrazo y se dirigieron a su departamento.

—¿Qué pasa con la cena?

El grito de Diego desde el salón, en su ya habitual tono desagradable, sacó a Inés de sus cavilaciones. Sin darse cuenta y perdida en sus pensamientos, ya había dado la cena a la pequeña, le había puesto el pijama y la había acostado y dormido al momento como siempre.

—Ya voy, ¿qué te apetece?

—Me da igual. ¡Pero no hagas el engrudo incomestible de verduras del otro día; mi estómago tiene un límite!

Ella ya no sabía si eran imaginaciones suyas pero es que últimamente no había ni una sola palabra de él, ya no cariñosa que eso ahora era impensable, sino al menos agradable. Nada de nada. Y que no fuera capaz de hacer ni un huevo frito a ella le superaba. Decía que no se le daba bien la cocina cuando en realidad es que pasaba absolutamente de todo lo que fuera relativo a la casa. Nunca le dijo que la cocina y la casa eran cosa de mujeres pero ella sabía que lo pensaba. Con los hechos lo certificaba.

Así que se puso a hacer una ensalada mientras él seguía en el salón con la PlayStation, su otra gran obsesión en casa cuando no había motos. Sin poder evitarlo, su mente le llevó de nuevo a navegar en el pasado preguntándose en qué había podido fallar ella. Y no encontraba nada.

Analizaba si algo de su familia, por aquello de la familia política, podía haber afectado a su matrimonio y no sólo no encontraba nada malo sino que, todo lo contrario, sólo veía motivos para que Diego estuviera muy agradecido. Sus padres recién jubilados gozaban de buena salud y casi vivían exclusivamente para su nieta. Jamás les faltó su ayuda para quedarse con ella horas, días o lo que fuese necesario, llevarla o recogerla de la guardería, ir al pediatra o cualquier otra cosa que necesitaran. Muchos padres con hijos pequeños darían lo que fuera por contar con esta ayuda. Otro aspecto que él nunca valoró o agradeció. Al revés, para él tenían que hacerlo casi por obligación.

Y su hermana, aunque había estado muy unida a ella, vivía en Londres con su novio inglés desde hacía años, así que tampoco afectaba en nada a su relación.

¿Qué le pasaba entonces a Diego? Inés, ya por no descartar nada, llegó a pensar que había otra mujer en su vida, pero no le cuadraba nada. Siempre pensó que una relación mantenida durante un tiempo con otra persona tiene que notarse más tarde o más temprano y éste no era el caso.

Pero se estaba volviendo loca y necesitaba saber qué pasaba. Iba a investigar lo que hiciera falta y tenía claro el por qué: a pesar de todo, le quería con locura.

Así que, analizando todas las cartas, su única conclusión era que a Diego no le iba bien en el trabajo. Entonces, urgía hablar con Luis, su mejor amigo con el que, después de tantos años, tenía mucha confianza. No se le ocurría hacer nada más.

PREGUNTAS CLAVE

1. ¿Se ha adaptado Diego a los fuertes cambios que al parecer han tenido en su empresa?
2. ¿Qué lectura hace Inés de los cambios laborales de Diego?
3. ¿Cómo es la comunicación de Diego con Inés?
4. ¿Qué hace Diego para cambiar su aparente mala situación actual?
5. ¿Quién es responsable de la situación anímica de Diego?

Capítulo 2

Hay que vender

Cuando menos lo esperamos, la vida nos coloca delante un desafío que pone a prueba nuestro coraje y nuestra voluntad de cambio.
Paulo Coelho

Inés y Luis mantendrán un encuentro secreto en el que ella descubrirá con preocupación y bastante decepción lo que puede explicar la amargura de Diego…

Diego Torralba y Luis Rivas terminaron la carrera en 1998 tras lo cual empezaron a mandar los curriculum en busca de trabajo, que era lo que tocaba. Los dos eran licenciados en Económicas pero en términos de preparación la partida la ganaba por goleada Diego. Y no es que Luis no estuviera preparado sino que Diego tenía un coeficiente intelectual muy por encima de la media. Parece que ante tanto desajuste familiar algo le tenía que regalar la vida. Su facilidad para los estudios, sobre todo para las ciencias, le proporcionó una gran seguridad en sí mismo, lo que le facilitó mucho primero su trayectoria escolar y después la universitaria hasta el punto de terminar la carrera con un pleno de sobresalientes. Luis, en términos de autoconfianza, se situaba casi en el otro extremo; necesitaba un empujón para casi todo. Con tal de no molestar era capaz de quedarse toda la noche durmiendo en su portal si no llevaba llaves. Pero quizá esta complementariedad fue lo que hizo que su amistad aguantara tantos años.

Pero claro, los extremos nunca son buenos y la desmedida autosuficiencia que tenía Diego hizo que nada más terminar la carrera, y con sólo veinticuatro años, sólo aceptara verse en el estrellato de las finanzas, por ejemplo como director financiero de El Corte Inglés o incluso como ministro de Economía del gobierno de turno, asunto que debía llevar muy en la cabeza porque era una broma suya muy recurrente.

Así que mientras Luis en poco tiempo superó un proceso de selección para agente de seguros de vida y ahorros en la compañía de origen holandés Aegon –aunque prefería evitar el término agente de seguros y sustituirlo por asesor financiero, que era una verdad a medias–, Diego sólo postulaba para puestos de dirección financiera y, claro, nunca le llamaron para una entrevista. Las pocas veces que le respondían le aclaraban que le faltaba experiencia para el puesto. Así dilapidó sabáticamente casi un año y medio hasta que Inés, entonces su novia, le convenció para mandar el curriculum a Finadia, Sociedad de Valores que seleccionaba nuevos asesores financieros para el departamento Comercial. Uno de los socios de la empresa era el padre de una buena amiga de carrera de Inés y podía interesarse para que entrara.

Cuando Luis se enteró del tema le pidió a Inés si también podía interceder por él porque le resultaba muy atractiva esa opción laboral. Le estaba yendo bien en Aegon pero pensaba que en una sociedad bursátil como Finadia podía desarrollar mejor su formación financiera. Ella accedió encantada y tras dos entrevistas de selección, Luis entró como asesor financiero *–ahora de verdad–* como le gustaba aclarar. Sin embargo a Diego, una vez más, el tema no le encajaba. Le parecía poco. Ésta fue la primera alarma que se le encendió a ella para empezar a cuestionar sus planteamientos profesionales. Su gran seguridad se iba convirtiendo en una incipiente soberbia, algo que a ella empezaba a no gustarle nada.

El caso es que Diego, a pesar de no trabajar, no tenía problemas económicos. Sus tíos, además de acoger en su casa a su padre cuando presentó los primeros síntomas de su enfermedad, le ingresaban suficiente dinero todos los meses para que viviera sin problemas. Pero él siempre decía que no le salían las cuentas del dinero de su padre. Fue un industrial del metal al que las cosas le marcharon bastante bien por lo que pensaba que tenía que tener algún montante de dinero guardado en algún sitio. Le parecía que sus tíos económicamente se estaban aprovechando de él por mucho que le mantuvieran en su momento en casa y ahora pagaran la residencia donde vivía, amén del dinero que le mandaban. El tema económico era parte importante de la conversación que tenía pendiente con ellos pero, como a él tampoco le faltaba para vivir, su pereza hacía que la conversación siguiera esperando.

Pero a Inés esto de que Diego, con la edad que tenía, viviera a costa de su familia le parecía mal y tenía claro que tenía que trabajar ya como fuera. Ella esperaba que una vez con trabajo se le fueran sus delirios de grandeza. Así que, sin que él lo supiera, habló de nuevo con el padre de su buena amiga de carrera y consiguió que le entrevistaran en Finadia pero para un puesto en el departamento de Inversiones, en el que finalmente sí fue seleccionado. Los asesores traían a los clientes y en ese departamento invertían el dinero. No era un trabajo comercial sino técnico-financiero y eso ya convenció más a Diego que, a regañadientes, aceptó. Estaban en el 2000 y ahora, pasados poco más de siete años, Inés se preguntaba si aquella intercesión realmente no fue un error porque sus humos nunca bajaron nada. Siempre miró a los comerciales, Luis incluido, muy por encima del hombro.

Esta circunstancia, unida al año y medio que los dos llevaban separados tras terminar la carrera, hizo que a pesar de trabajar en la misma empresa, aunque en departamentos distintos, ya no volvieran a ser los grandes amigos del pasado. Pero es que hubo otra circunstancia, en esta ocasión ajena a Diego, que influyó casi más en este distanciamiento. La circunstancia se llamaba Olga, una chica que Luis conoció en un gimnasio al que acudía regularmente y con la que empezó a salir para, finalmente, hacerse novios. Y fue una causa de alejamiento entre ellos porque *Olga era mucha Olga*. Era una mujer con muchísimo carácter que, al dar con una persona tan tímida como era él, se creció aún más. Ella era ese tipo de personas que da la sensación de que aparecen en la vida de uno para que rompa con todo su entorno y todo su pasado. Desde que se conocieron, Luis empezó a desaparecer del mapa. En el grupo de amigos pronto acuñaron el término *esqueOlga,* que era como siempre él empezaba la frase de turno de disculpa para no ir a algún sitio y, si iban, también disculparse por llegar tarde o irse los primeros. Los *esqueOlgas* eran variopintos, desde *es que Olga no se encuentra bien* pasando por es que *Olga tiene que sacar al perro* hasta, el más recurrente, es que *Olga ha llegado muy cansada del trabajo*, algo que ya resultaba hiriente porque parecía que Olga trabajaba más que nadie. Y tenía veinticinco años la criatura. Fue una pena que ella fuera así, porque, de haber hecho buenas migas, los cuatro juntos hubieran estado muy a gusto. Inés lo intentó pero no hubo forma. Y Luis se daba cuenta de que ella era muy especial pero la quería mucho. Aunque quizá no tanto porque llevaban ya ocho años como eternos novios y cada uno todavía vivía en su casa.

Ese mismo tiempo –ocho años– es lo que llevaban los dos en Finadia, tiempo en el que Luis, superando poco a poco sus inseguridades, fue progresando de asesor junior a sénior, a la vez que pasó de gestionar pequeñas cuentas de particulares a las consideradas VIP, de mayores capitales e incluso algunas de sociedades y empresas. Pronto sería promovido a jefe de equipo con asesores a su cargo, lo que le imponía mucho, aunque a la vez le hacía mucha ilusión. Y mientras, Diego con su excepcional conocimiento de finanzas, siempre hizo un gran trabajo en el departamento de Inversiones pero sin hacer ningún progreso significativo en su carrera profesional. Le resultaba un trabajo muy fácil y cómodo aunque muy repetitivo, algo que le cuadraba muy bien porque cada vez huía más de todo aquello que le complicara la vida.

Pero el mercado siempre se mueve, llegó mayo de 2007 y el presidente y socio mayoritario de Finadia, que era un gran cerebro en términos de tendencias económicas, vislumbró la llegada de una fuerte crisis económica y laboral cuyo momento más crítico situaba en unos tres o cuatro años. Así que, con el apoyo del comité de dirección, decidió anticiparse y tomar medidas. Adelgazarían los departamentos de Servicios Centrales, darían a toda la plantilla una marcada orientación hacia el cliente y potenciarían el departamento Comercial. Con todo, se reduciría la plantilla de la empresa en un doce por ciento. Tras un intenso mes de septiembre en el que analizaron las medidas a tomar y se decidió quienes serían las personas a prescindir, se comunicó primero el plan a los directores y después se hizo pública la noticia en toda la empresa. El presidente, en una reunión plenaria con toda la plantilla, mandó un mensaje rotundo y diáfano: *Hay que vender*. Al término de la reunión se veían caras de mucha preocupación y no era para menos. Habían anunciado que algunos no terminarían el año en la empresa.

A Luis le sonó el móvil.

—Sí, dígame.

—¿Luis?

—Sí, soy yo. ¿Quién es?

—Soy Inés.

—¿Inés? ¿Pasa algo? —Él no recordaba los años que hacía que no hablaban por el móvil y, de entrada, se asustó.

—No, nada. De verdad. Bueno algo sí, pero nada urgente. No estarás con Diego ¿verdad?

—No, tranquila, estoy en la calle de visitas. ¿Qué pasa?

—Te llamo desde el fijo de mi empresa porque él no sabe que te estoy llamando. Es que estoy muy preocupada por cómo le veo últimamente y me gustaría hablar contigo.

—Ya, entiendo. ¿Quieres que nos veamos?

—La verdad es que sí y cuanto antes mejor. Si tú pudieras mañana viernes después de comer sería ideal. Diego tiene el máster toda la tarde y yo puedo arreglármelas para que mis padres recojan a mi hija. No sé cómo te iría.

—Bueno a esa hora suelo estar con papeleo pero puedo hacerlo antes de comer. No te preocupes. ¿Sobre las cuatro? ¿Dónde quieres que nos veamos?

—Sí, las cuatro me va bien. Creo que para tener tranquilidad un buen sitio sería la cafetería de algún hotel y a mí me cuadraría bien el Cuzco, ¿te va bien a ti?

—Perfecto, mañana viernes a las cuatro de la tarde en la cafetería del Cuzco.

—Gracias Luis. Sobra que te diga que de esto silencio absoluto.

—Por supuesto. Cuídate. Hasta mañana.

—Hasta mañana.

Ella colgó sintiéndose muy extraña. Era como si le estuviese siendo infiel a su marido, cosa que jamás se le pasaría por la cabeza. El día anterior, aprovechando que Diego estaba en la ducha, buscó en su móvil el número de Luis y ahora había quedado con él, una persona a la que adoraba, claro está que como amigo, aunque también alguna vez se le había pasado por la cabeza pensar si no hubiera sido más feliz si aquel verano del noventa y siete hubiera sido con él y no con Diego con quien hubiera congeniado. Luis le parecía un tipo completísimo, además de tener una pinta estupenda y ser todavía un gran deportista. Y encima, para rematarlo, habían quedado en un hotel. Se sentía fatal. Pronto despertó de sus pensamientos *pecaminosos*, cambió el *chip* y se alegró de poder hablar al día siguiente con él en la búsqueda de recuperar al que sin duda era el amor de su vida: Diego.

Cuando al día siguiente Inés entró en la cafetería del hotel pasados cinco minutos de las cuatro, ya estaba Luis esperándole en una mesa. *—Ha llegado antes para no hacerme esperar, es todo un caballero—* pensó.

Se saludaron mientras se daban dos besos.

—Hola Luis.

—Hola Inés, me alegra mucho verte. ¿Qué tal Lucía? ¿Sigue rompiendo corazones?

—Sí, la verdad es que sigue muy rica. Gracias. Y vosotros ¿qué tal?, ¿cómo está Olga? Hace mucho que no nos vemos.

—Sí, está bien. Muy liada en el trabajo, como siempre. Bueno, cuéntame. Ayer te noté por teléfono muy agobiada. ¿Ha ocurrido algo?

—Pues como te dije, no y sí. Nada en concreto pero es que veo a Diego muy desquiciado, sobre todo con lo que me cuenta del trabajo. Su carácter, sin haber sido nunca digamos suave, ahora se está haciendo cada vez más difícil. Y no se me ocurre otro tema que no sea el laboral. He llegado a pensar si puede haber otra persona en su vida, pero no te quiero poner en un compromiso con este tema, así que entiendo perfectamente que nos ciñamos al tema laboral.

Inés manejaba muy bien las relaciones interpersonales y con mucha astucia supo cómo preguntarle por ese asunto tan delicado sin llegar a comprometerle. *—Si hubiera algo turbio que él supiera sobre este tema se callará sin más—* pensó. Y funcionó.

—No, que va. En el trabajo pongo la mano en el fuego que no hay nadie más...

Ella suspiró en su interior mientras Luis continuaba.

—... pero sí es verdad que en lo laboral el tema no pinta bien. No sé si sabes cómo sucedieron las cosas con la reducción de personal de finales del año pasado. ¿Te contó algo Diego?

—No, nada. Sólo recuerdo que un día me dijo que, además de hacer su trabajo, ahora le habían pedido que empezara a salir a la calle para ayudar a los nuevos en sus visitas a clientes.

Él puso cara de circunstancia.

—¿No fue así?

—No exactamente. El tema fue que cuando el año pasado se planifica la reducción de plantilla, a él en principio le pilla el toro por todos lados porque su departamento era de los más afectados en la reducción y él encima era el más joven. Tenía todas las papeletas para ser despedido...

Inés se estremeció al escuchar la palabra *despedido*. Pensó en décimas de segundo en su hija con sólo dos años, la hipoteca por pagar y, sobre todo, pensó en el desencaje anímico y de carácter que podría suponerle a Diego verse en el paro; ¡él que se veía ya como ministro de Economía! Con este pensamiento se estremeció aún más.

Mientras, Luis continuaba con su relato.

—Pero le salvó el ser un cerebro en temas económicos. Eso sí, el precio que tuvo que pagar, como los pocos que se quedaron de su departamento, fue que además de tener más carga de trabajo, tuvo que empezar a hacer labor comercial. Se les asignó una pequeña cartera de clientes poco fidelizados para que se desfogaran. Pero salían, y aún salen, con los veteranos para aprender de ellos; que es muy distinto.

Ella le seguía escuchando con mucha atención y cara de sorpresa. Él continuó.

—Antes de que se tomara la decisión de quienes se quedaban en ese departamento, el director comercial, con el que tengo muy buena relación y mucha confianza, me consultó cómo le veía haciendo labor comercial. El caso es que yo, con tal de que Diego no perdiera el trabajo, le dije que creía que sí podría hacerlo. Me sentí muy mal porque no fui muy honesto con él. Yo ya conocía su mala actitud hacia todo lo que sea vender pero en ese momento no me atreví a decirle la verdad. Así que a Diego, cuando le contaron que se quedaba pero con nuevas funciones comerciales le advirtieron que, si no aceptaba, la alternativa era el despido.

Inés puso tal cara de asombro y preocupación que Luis añadió:

—Me da que de todo esto él no te contó nada, ¿verdad?

—Pues no, ni idea. Sólo sabía lo que te he contado. ¡Cómo me duele! Con lo que le he apoyado siempre...

Se le notaba verdaderamente triste y decepcionada.

—Lo malo Inés, es que todo indica que se avecina una buena crisis, estamos todos condenados a pasarlo muy mal y, claro, su carácter cada vez más agrio le puede terminar hundiendo. Siento decírtelo y ojalá me equivoque, pero así no le veo futuro aquí.

A Inés se le descompuso el cuerpo. Sabía perfectamente que Diego no estaba a gusto en el trabajo pero no que su situación fuera tan preocupante. Se estaba tomando en ese momento un trozo de bizcocho con el café y notó que se le cerraba de inmediato la boca del estómago.

Ella retomó entonces la conversación.

—Pero, ¿cómo puede una persona que lo tiene todo llegar al punto que ha llegado? Todo le parece mal. Todo el mundo es malo o peor que él, todo el mundo es un inútil, todas las películas son malas, todos los camareros hacen mal su trabajo, no le gusta ninguna comida,... ¡Estoy desesperada!

Inés, fruto de esa desesperación, continuó un buen rato desahogándose con él. Le contó como poco a poco se habían ido distanciando el uno del otro. Ya no es que no tuvieran secretos o complicidades, es que no recordaba últimamente tener siquiera una conversación medianamente larga con él. Su comunicación era siempre telegráfica y muy negativa. Su deteriorada vida sexual prefirió no mencionarla; formaba parte de la intimidad de ellos, pero sí se le pasó rápidamente por la cabeza, y con mucha pena, el recordar cómo seguían manteniendo relaciones como autómatas sólo para que llegara el deseado hermano para Lucía. *—Bueno, ahora creo que deseado sólo por mí—* pensó. Sí le contó con muchísima más pena aún cómo la niña casi ya no reconocía a su padre. Con sólo dos años que tenía, ya no recordaba a Diego cogiéndola en brazos o, mucho menos, tirándose a la alfombra para jugar con ella, cosa que sí hacía al principio. Y con inmensa tristeza le contó muchos más detalles de la persona a la que aún quería mucho pero que, desde hacía ya casi un año, se había convertido en un absoluto desconocido.

Tras un buen rato de queja y mucha tristeza en el que Luis la escuchó pacientemente, Inés se quedó un momento callada mientras le caía una lágrima por la mejilla. Él inmediatamente le alcanzó una servilleta para que se secara los ojos.

Ella continuó.

—... es que intento buscar algo que él ahora vea como bueno en su vida y no lo hay. Cómo te digo, para él todo es malo. Es tremendo.

—Entiendo. La verdad es que tiene que ser muy difícil convivir así.

—Bueno, fíjate que tontería y con qué poco me conformo. El otro día llegó del máster y después de tantas clases siempre criticando todo, me sorprendió hablando bien de un profesor. Fue como un oasis en el desierto aunque, claro, antes tuvimos la discusión de rigor.

—Ah sí, ¿por qué?

—Porque aunque yo me espero su respuesta, por supuesto negativa, siempre que llega del máster le pregunto que cómo le ha ido. El caso es que el viernes pasado por la noche me empieza diciendo que la clase *empezó mal* y, agárrate, ¿sabes por qué?

—No, ¿por qué?

—Es muy fuerte. Casi me da vergüenza contártelo. Pues porque el profesor de la sesión al que aún no conocían, iba en silla de ruedas. ¡Por eso la sesión *empezó mal*! ¡Como te lo cuento! Yo al oírle semejante disparate le *salté a la yugular* preguntándole que qué había de malo en que un profesor de máster vaya en silla de ruedas y, como era tal la barbaridad que había dicho, fruto claro de su amargura ya crónica, no supo dónde meterse y se fue al salón a darle como siempre a la *Play*. Sin embargo, como te digo, lo sorprendente fue que al regreso de la sesión de la mañana del día siguiente, la del sábado, vino hablando maravillas del profesor. Creo que les dio algo precisamente de Ventas. ¿Sabes quién es?

Diego estaba completando en ESIC el GESCO, el máster en Dirección de Marketing y Gestión Comercial, el mismo que Luis había hecho tres años antes y que, según decía, le había ayudado muchísimo en su visión comercial, sobre todo de cara al futuro. Inés, tras la buena experiencia de Luis, consiguió también que él se inscribiera a regañadientes en el del curso actual a pesar del coste que tenía. Para ella, viendo lo mucho que lo necesitaba, más que un coste era una inversión. Por eso le preguntaba si conocía a ese profesor.

Luis le respondió.

—No, ni idea. En mi máster no había ningún profesor en silla de ruedas. Lo recordaría seguro.

—Creo que mencionó su nombre; se llamaba Eduardo y de apellido algo así como Matres.

—¿Cómo?, ¿no será Eduardo Batres, con B? —preguntó él algo emocionado.

—Sí, justo eso era, Eduardo Batres, ¿le conoces?

—¡Sí, claro que sí! Estuvo en Aegon de agente de seguros muchos años. Fue sin duda, por lo que contaban, el mejor vendedor de la época y después un gran jefe de equipo comercial. Cuando yo estaba en la compañía él ya se había marchado unos años antes, pero le conocí porque se había ido a una consultora de formación y, precisamente, él me dio un curso de ventas. Sin duda el que más me ha ayudado a vender de todos los que he hecho y eso que son unos cuantos. Y además, ahora que lo dices, alguien hace ahora unos años me contó que tuvo un accidente, creo que de tráfico, y que se había quedado en silla de ruedas. Cómo me alegra saber de él. Llamaré a ESIC para ver si me dan algún dato de contacto y doy de nuevo con él, aunque sea sólo por correo electrónico. Me encantaría saludarle.

Luis se dio cuenta enseguida que se había emocionado en exceso recordando a Eduardo y que había olvidado durante unos segundos el tema que les había juntado; su gran preocupación por Diego.

—Perdona Inés. Volviendo al tema; cuenta conmigo para ayudarte, o ayudaros mejor dicho, en lo que pueda. ¿A ti se te ocurre algo que ahora yo pueda hacer?

—Desgraciadamente no. Ahora estoy algo bloqueada.

—Entonces me parece que es mejor que lo dejemos aquí, creo que se nos hace tarde a los dos, y mejor pensemos con más tranquilidad qué podemos hacer. A mí ahora la verdad es que no se me ocurre tampoco nada. ¿Te parece?

—Sí, creo que es mejor. Yo tengo que asimilar la situación que ya veo que es mucho más difícil de lo que creía. Mil gracias. Déjame invitarte.

—Inés, no por favor. Bastante disgusto te llevas.

Se levantaron, Luis pagó la cuenta, se dieron dos besos y se despidieron. Los dos se iban mal y sin saber qué hacer.

MENSAJES CLAVE

1. Acepta que tu carrera laboral debe ser progresiva.
2. Cuidado; un exceso de autoconfianza puede alimentarte una peligrosa soberbia.
3. No mires nunca al vendedor por encima del hombro. Realiza una labor muy necesaria y compleja.
4. La función comercial es una magnífica oportunidad para superar una posible falta de seguridad en ti mismo.
5. Sal de tu zona cómoda. Un exceso de tiempo realizando siempre la misma función puede frenar tu progreso profesional.
6. Hay que vender. Hoy en día no hay sitio para las empresas y las personas que no generen negocio.
7. Aunque la actitud es la base para el éxito profesional, cuida también tu preparación profesional. Puede ser el valor añadido que te garantice tu futuro laboral.
8. La función de un vendedor pasa obligatoriamente por relacionarse con personas. Cuida tu carácter.
9. Nunca prejuzgues a las personas por alguna limitación física o psíquica. Podrían darte alguna lección.
10. Todo lo que sea mejorar tu formación no es un coste, es una inversión.

Capítulo 3

El Rincón del Vendedor

Felicidades a todos ustedes que con esfuerzo ingenio y dedicación ejercen esta gran profesión de vendedor y que verdaderamente sólo personas con gran carisma la desarrollan a plenitud.

Laboratorios Mason Vitamins

Luis, amigo y compañero de Diego, va a retomar el contacto con Eduardo, un antiguo y admirado jefe comercial al que le debe mucho de lo que sabe de ventas. Su historia, su actual proyecto y su gran personalidad, le abducirán...

En cuanto Luis llegó a casa, antes de llamar a ESIC pensó que podía encontrar alguna referencia o dato de Eduardo en internet, así que se puso a ello. Hizo una búsqueda en Google que le llevó a LinkedIn y ahí tenía sus primeras pistas.

En su perfil ponía que era fundador de Vendo, empresa que funcionaba desde 2004. Aprovechó para comprobar si en su trayectoria profesional figuraba Aegon con lo que, efectivamente, era *su Eduardo*.

Revisó de nuevo su búsqueda en Google y vio que el segundo link del resultado era la web de la empresa, así que pinchó en ella.

Vendo se presentaba como un *Centro de Entrenamiento de Vendedores. –Me gusta el término–* pensó. Que la empresa, con Eduardo a su cabeza, se dedicara a entrenar vendedores le cuadraba perfectamente, pero después vio en otra de las pestañas principales otra actividad titulada *El Rincón del Vendedor*, lo que le resultó más curioso. Abrió la pestaña y comprobó que era un apartado al que sin duda daban tanta o más importancia que al entrenamiento comercial. Al parecer, habían creado una especie de *Casa del Vendedor*, un lugar de encuentro a modo de club y también de posada para el reposo de los peregrinos, en este caso los vendedores, tal y como explicaba la página. La idea, a priori, le pareció muy original. Durante un rato siguió leyendo más información de la empresa y cuanto más leía más interés tenía por dar con Eduardo, así que directamente buscó el teléfono o la dirección para conseguirlo. ¡Bingo!; en el apartado *Contacto* tenía todos los datos; teléfono, dirección de la empresa y una dirección de correo. Estaban en Madrid, en la calle Sil, zona del Viso muy cercana al Santiago Bernabéu.

El lunes a las 10 de la mañana sin falta estaba llamando.

—Vendo, buenos días.

—Hola, buenos días. Soy Luis Rivas. Me gustaría hablar por favor con Eduardo Batres... aunque por mi nombre seguro que no me recuerda.

—Ahora está reunido. Yo soy Silvia. Si me dice qué necesita quizá pueda ayudarle.

—Claro. El caso es que le conocí hace ya años estando yo en la compañía de seguros Aegon, él me dio un curso de ventas del que guardo un gran recuerdo. Por eso le digo que, lógicamente, él no se acordará de mí. Y llamo porque me encantaría retomar el contacto con él. No sé si será posible.

—Yo me imagino que no habrá problema. Mire, le voy a pasar con Blanca, nuestra directora. Quizá ella le ayude.

Eduardo tenía muchas llamadas y correos que hasta hacía poco tiempo atendía personalmente, pero ya su carga de trabajo le desbordaba y ella ahora le hacía de filtro.

—Estupendo. Gracias Silvia.

Habló con Blanca, le pareció una persona tan encantadora como Silvia, pero abiertamente le aclaró que Eduardo tenía una alta carga de trabajo por lo que le rogó que realizara el contacto mejor por correo electrónico a través de una dirección de correo genérica de la empresa que le dio a continuación.

Luis, aunque entendió la situación, se quedó algo frustrado. Como comercial con experiencia lo del correo genérico le sonó muy mal. Pero no tenía otra opción. Sobre la marcha le escribió un correo corto pero emotivo en el que le trasmitía de forma sincera su gran emoción por haber vuelto a saber de él. Pinchó *enviar* y sólo le quedaba cruzar los dedos para que hubiera respuesta. Después siguió con su tarea comercial propia de todos los lunes.

Para Finadia, sociedad especializada en servicios de inversión y gestión de patrimonios, ahora en 2008 el departamento Comercial había pasado a ser el estratégico de la empresa. Tras los cambios emprendidos a finales del año anterior, un setenta y cinco por ciento de la plantilla de un total de cuarenta y cinco personas lo formaban asesores financieros. El perfil del asesor era el de una persona joven, bien preparada y generalmente sin experiencia previa en el sector. La dirección entendía que así era más fácil adquirir y empaparse antes de la filosofía y el estilo de Finadia.

El día a día del asesor no era muy distinto al de cualquier comercial de cualquier otro sector; llamar a potenciales clientes, visitarles, cerrar operaciones y gestionar su cartera. Y vuelta a empezar. Quizá un aspecto que Luis al entrar en la empresa valoró mucho fue el gran apoyo que ofrecía la compañía a los nuevos asesores. Tras casi dos meses de formación, sobre todo financiera, al asesor se le asignaba una cartera de potenciales clientes previamente depurada con todos los datos de contacto, además disponía de una herramienta comercial llamada Gesfin que incluía todos los datos de clientes, agenda del asesor, gestión de facturación y hasta estudios de mercado o informes económicos considerados de interés para el asesor.

Medios para vender desde luego no faltaban y él lo valoraba especialmente porque conocía comerciales de otros sectores que al incorporarse recibían un curso rápido de productos para después, con sólo una mesa y un teléfono, empezar a concertar citas, coger la puerta y salir a buscar clientes debajo de las piedras.

Luis se encontraba precisamente incorporando los datos de cierre de la semana anterior; llamadas, visitas, ventas, volumen, etc.; datos que tenían que estar grabados en la aplicación antes de las 11:00 todos los lunes, cuando pasó Diego por su lado.

—Hola, muy buenas —le dijo Luis.

—Siendo lunes nunca puede ser *muy buenas*. Eso déjalo para el viernes.

—*Como siempre, Diego en su estado amargo puro* —pensó.

Por la tarde, Luis recibió, sorprendido por su rápida respuesta, un correo de Eduardo en el que se alegraba también de saludarle y, con un estilo muy agradecido y cercano, le animaba a acercarse a verle dándole dos alternativas; el miércoles o el jueves a las cuatro y media de la tarde, que eran los dos huecos que le quedaban esa semana. Tras la emoción inicial, comprobó su agenda y vio que el mismo miércoles le cuadraba bien, así que le contestó también muy agradecido y quedaron en verse ese día a las cuatro y media de la tarde. Le hacía mucha ilusión volver a ver a su gran maestro en ventas.

Ese miércoles la calle Sil era un remanso de paz. Llegó con el coche hasta la dirección de la empresa y, efectivamente, ahí estaba; una gran placa en la puerta de la elegante verja rezaba lo que Luis había leído en la web: Vendo, *Centro de Entrenamiento de Vendedores*. Una señal indicaba la entrada a un aparcamiento exterior de la empresa, así que desde el coche tocó un interfono y, tras presentarse, una señorita —supuso que Silvia— le abrió la puerta automática. Aparcó y ya desde fuera del coche observó el edificio. Era un chalé ya veterano como lo eran la mayoría de los edificios de la zona, no muy grande, pero con un aspecto muy señorial. Le gustó.

Llamó a la puerta y le abrió una joven.

—Hola, buenos días.

—Hola, soy Luis Rivas. Tengo una cita con Eduardo Batres. Tú debes de ser Silvia, ¿verdad?

—Sí. Pase por favor —dijo ella sonriendo al oír su nombre.

—Hablamos el otro día. Llamé preguntando por Eduardo.

—Ah, es verdad. Le pasé con Blanca.

—Por favor, no me llames de usted. Me haces viejo.

—Ya, es la costumbre. Siéntese... perdón, siéntate mientras aviso a Eduardo.

Se sentó y se puso a hojear un ejemplar de la revista “Emprendedores”, una de las varias que había en la mesa. Mientras, de reojo, ya que tenía a Silvia en la recepción relativamente cerca, se fijaba en el aspecto de la empresa y todo le trasmitía buenas sensaciones.

De pronto oyó desde el fondo su nombre.

—Hola Luis.

Miró hacia el pasillo que salía del hall en el que se encontraba y ahí estaba él. Aunque lo sabía y lo esperaba, le impresionó verle en silla de ruedas. De los días que estuvo con él, durante el curso de ventas, recordaba muy bien que era una persona muy dinámica. No era el clásico profesor sentado en su mesa *presidencial*. Al revés, era todo energía. Le recordaba perfectamente sin parar de dar vueltas por detrás de la U que formaban las mesas, organizando los roleplays, moviendo mobiliario, entrando y saliendo de la sala..., en fin, una persona muy activa. Así que al verle postrado en su silla no pudo evitar sentirse muy impresionado. Pero su sonrisa sincera y natural delataba que seguía siendo la persona íntegra de la que tan bien se hablaba en Aegon, algo que después pudo certificar en el curso que les unió.

—¡Qué puntual eres! Ya podríamos aprender muchos. Pasa por aquí, por favor.

—Claro que sí, gracias.

Eduardo le tendió la mano a la par que daba la vuelta a su silla eléctrica para encaminarse de nuevo al pasillo. Luis le siguió y, tras avanzar unos metros, entraron en una sala más bien pequeña pero con una gran iluminación natural que contaba con una mesa de despacho en la que curiosamente había sólo un teléfono y algo de material de papelería, como folios y algunos bolígrafos. Frente al despacho había una mesa redonda con dos sillas auxiliares y un hueco preparado para que él encajara su silla con facilidad según entrara desde el pasillo.

—Toma asiento donde quieras. Son ahora las cinco menos veinticinco. Por mi parte podemos estar juntos hasta las cinco y media. ¿Te va bien?

—Claro, por supuesto, por mí perfecto.

Luis siempre había oído en temas de gestión del tiempo lo importante que es poner límite horario a las reuniones para facilitar que no se eternicen. Le gustó mucho que él lo hiciera demostrando así elegancia y respeto también hacia su agenda.

—¿Quieres tomar algo? ¿Quizá un café?

—Sólo un poco de agua, si puede ser.

Eduardo marcó una extensión y le pidió dos botellas de agua a Silvia que les llevó inmediatamente junto con unos vasos.

—Así que estuvimos juntos en un curso en nuestra casa madre, Aegon...

—Bueno, juntos sí, pero como profesor y alumno.

—Pero juntos en cualquier caso —respondió inmediatamente Eduardo—. ¿Sabes?, nunca me han gustado los términos de profesor y alumno para temas de entrenamiento comercial.

—¿Por qué? —le preguntó Luis con mucho interés.

—De verdad creo que en un entrenamiento comercial uno no enseña y los demás aprenden sino que lo que ocurre —o debería ocurrir— es un intercambio de experiencias entre profesionales, moderadas por el consultor, de las que entre todos se sacan conclusiones. Serán cosas mías pero notarás que, por eso, casi no uso tampoco la palabra formación y la sustituyo por entrenamiento. Yo el concepto de formación lo dejo para temas técnicos o de productos en los que alguien sí enseña y otros aprenden... Pero perdona, te estoy dando la vara con mis teorías.

—No te preocupes —respondió Luis.

—Sitúame, ¿en qué momento coincidimos?

Durante un rato le recordó el curso en el que coincidieron, después le aclaró su nueva situación laboral en Finadia en la que él puso mucho interés y durante el resto de tiempo del encuentro Eduardo le estuvo contando en qué consistía Vendo.

Le contó que seis años antes, en 2002, cuando la vida le sonreía, tanto en lo personal como en lo profesional, un accidente de tráfico le truncó todos sus planes. Él quedó parapléjico pero su mujer corrió peor suerte y murió. Dejó Foryde, la consultora con la que le dio el curso donde ya era socio, a pesar de que todo el equipo le animó a seguir; necesitaba recomponer su vida.

—*Por su tono no debió ser fácil* —pensó Luis.

Sonó un toque en la puerta y apareció una joven que no era Silvia. Aparentaba tener más edad.

—Perdón, siento molestar.

—No te preocupes —le dijo Eduardo.

—Mira Luis, te presento a Blanca, nuestra directora del área de entrenamientos comerciales.

—Ah, encantado. Hablamos por teléfono el otro día cuando llamé.

—Es verdad. Me alegra conocerte.

Luis confirmó su opinión de que parecía una persona encantadora, además de resultarle ahora una mujer atractiva.

—Es que necesito la consultoría previa del tema de Pozuelo —comentó ella dirigiéndose a Eduardo.

—Es verdad. Está en el segundo cajón de mi mesa —le respondió.

—Ah, gracias. Encantada —añadió dirigiéndose a Luis mientras se despedía.

—Igualmente. Hasta otra.

Al salir le aclaró que Blanca era su hija, licenciada en Psicología y su mano derecha en la empresa.

Le explicó que pasado algo más de un año de recuperación del accidente, sobre todo en lo psicológico, decidió que para encontrar sentido de nuevo a su vida seguiría dedicándose profesionalmente a lo que más le llenaba: entrenar comerciales y a un gran sueño que siempre había tenido que era el de crear *El Rincón del Vendedor*, un lugar de encuentro para vendedores, como Luis había leído en la web. Así que en 2004 fundó Vendo.

No le contó, porque no procedía, el motivo por el que Blanca se sumó al proyecto sacrificando su intención de dedicarse a la psicología clínica, como siempre había deseado. Su padre se opuso precisamente por esto, pero la realidad mandaba.

Blanca, que era la única hija de Eduardo e Isabel, cuando ocurrió el accidente seguía soltera y viviendo con ellos, así que dada la situación pasó a ser el lazarillo de su padre. Se negó a dejarle solo. Él había perdido a Isabel –su único y gran amor– y se había quedado postrado en una silla de ruedas, pero ella también había perdido a su madre con la que siempre estuvo muy unida. Realmente se necesitaban los dos.

Cuando Eduardo le dio forma y vio la viabilidad del

proyecto, su voluntad de salir adelante ya era muy fuerte, en ese momento había conseguido no ser tan dependiente al contar con una silla eléctrica y un coche adaptado, pero Blanca sabía que para ponerse a trabajar todavía necesitaba ayuda de alguien y ella quería ser *ese alguien*. Si antes quería muchísimo a su padre, ahora con lo ocurrido lo adoraba. Así que, finalmente, su padre cedió y aceptó su compañía en la singladura profesional que iniciaba. Pero hicieron un importante pacto antes de empezar. Acordaron que el día que la relación profesional les afectara en lo personal, ella dejaría el proyecto para buscar trabajo en otro sitio, eso sí, dejando antes a otra persona preparada en su puesto. Transcurridos ya más de tres años, el balance que hacían tanto el padre como la hija era que seguir juntos también en lo profesional había sido todo un acierto.

Y se pusieron a ello. Durante unas semanas con horario intensivo se dedicaron a que él le enseñara las tripas del negocio. Fueron unas semanas de muchísimo trabajo pero deliciosas porque sirvieron para que él empezara a recuperar las ganas de vivir. Su proyecto le apasionaba y a ella en poco tiempo le contagió su pasión. Lo facilitó mucho el hecho de que ella al terminar Psicología pasó casi dos años realizando labor comercial en el área educativa de la Editorial Santillana.

Ahora, el área de entrenamiento comercial que dirigía Blanca era lo que hacía rentable la empresa, aunque desgraciadamente si algo tenía ahora Eduardo era dinero –mucho dinero– tras la importante indemnización del accidente y el cobro de las pólizas del seguro de vida que había suscrito hacía años con Aegon para su mujer y para él mismo y que, como es habitual, cubrían también la invalidez.

Él, que llevaba personalmente *El Rincón del Vendedor*

–para eso era *su criatura*–, también daba conferencias de contenido comercial cuando las circunstancias y las barreras arquitectónicas lo permitían, e impartía desde hacía dos años —como ya sabía Luis— sus clases en ESIC, donde encontró una segunda familia. Pero su principal pasión era su *Rincón*. La idea, que ya era una realidad aunque todavía no tuviera muchos *peregrinos* como a él le gustaba llamar a veces a sus vendedores, consistía en que el vendedor dispusiera de un lugar de intercambio de experiencias comerciales con otros vendedores, así como un *hogar* donde pudiera hacer un alto en su dura jornada comercial, si es que le encajaba en su ruta, para descansar, tomar algo o simplemente charlar con otros vendedores. Una especie de club como los hay de mus o de amigos de los museos.

Según le terminaba de contar su obra, miraron el reloj y decidieron empezar a despedirse. Al salir pasaron por la oficina que estaba junto a la entrada y Eduardo aprovechó para presentarle a Alfonso, un joven *todoterreno* que llevaba la administración de la empresa y toda la cuestión informática y tecnológica, temas que controlaba muy bien. Y esa era toda la plantilla de la empresa; Eduardo, Blanca, Alfonso y Silvia, a los que se les unía un equipo de consultores externos muy identificados con Vendo que colaboraban en los entrenamientos cuando se les necesitaba.

A Luis el tema del *Rincón* le encantó desde el primer momento por lo que les pidió más detalles de cómo funcionaba, ya que no recordaba que hubiera más información en la web.

—Se me ocurre algo —intervino Eduardo—. Silvia, por favor, ¿me acercas el *planning*?

Ella le acercó un documento plastificado que él consultó.

—¿Por qué no te vienes a tomar un café el martes diecinueve o el jueves veintiuno? Tendría que ser a las ocho y media de la mañana. A esa hora tenemos una reunión con vendedores y te invito a que participes. Llevará más o menos una hora. Te gustará y te ayudará a ver lo que hacemos. Vente mejor un poco antes, sobre las ocho y cuarto.

—A ver déjame ver.... perfecto, el jueves veintiuno estaré aquí a esa hora —respondió mientras comprobaba su agenda.

Con otro caluroso apretón de manos, se despidieron. Luis se iba feliz con el reencuentro y entusiasmado con el lugar; un cálido hogar donde el vendedor no sólo no era rechazado sino, al revés, cuidado e incluso venerado. *Ver para creer* —pensó.

MENSAJES CLAVE

11. En tu labor comercial aprovecha y explota la gran información que hoy pone a tu alcance la tecnología.

12. No olvides que hoy en todas las empresas los departamentos comerciales y de atención al cliente son considerados de carácter estratégico.

13. A pesar de los importantes cambios del mercado, la filosofía de la función comercial no cambia: buscar, contactar, analizar necesidades y preocupaciones, cerrar operaciones, fidelizar y vuelta a empezar.

14. En tu gestión de clientes aprovecha también las enormes oportunidades de administración que ofrece hoy la avanzada tecnología. Tu ordenador y tu móvil pueden y deben trabajar para ti.

15. Siempre que empieces una reunión comercial acuerda con tu interlocutor el tiempo que tenéis disponible. Además de que te lo agradecerá, verás cómo optimizáis vuestro tiempo.

16. Cuando participes en una formación comercial considera que no hay profesor y alumnos sino profesionales intercambiando experiencias. Participa desde esta visión; será bueno para todos.

17. Hasta donde puedas, intenta centrar tu labor comercial en lo que más te llene. Facilitará mucho tu éxito.

18. Relaciónate en lo posible con más vendedores. Será muy enriquecedor.

Capítulo 4

Las Mesas del Rincón

No se puede enseñar nada a un hombre;
sólo se le puede ayudar a encontrar
la respuesta dentro de sí mismo.
Galileo Galilei

Luis conocerá la gran obra de Eduardo, la empresa Vendo y su equipo: Blanca, Silvia y Alfonso. Con sorpresa conocerá sus actividades y sus instalaciones pensadas sólo para ayudar y entrenar a vendedores...

El jueves 21, con puntualidad inglesa, a las ocho y cuarto de la mañana Luis llamaba a la puerta de Vendo.

—Hola, buenos días. ¿Vienes a la Mesa?

—Bueno, creo que sí; quedé con Eduardo hoy a esta hora para tomar un café y una reunión; me imagino que será lo mismo.

—Claro, seguro. Es una mesa redonda pero todos le llamamos *Mesa* a secas. Es más fácil. Empieza a las ocho y media. Eduardo está ahora justo poniéndose un café así que pasa y ya le ves. ¿Te acuerdas dónde es?

—Sí, gracias. Me fijé el otro día. Voy para allá.

En el pasillo se cruzó con dos jóvenes que iban hacia la sala de reunión con sus cafés ya servidos. Se saludaron con una sonrisa. Era la segunda vez que entraba en Vendo pero al verse solo por el pasillo tuvo la sensación de haber estado allí toda la vida.

—Hombre, ¡cuánto bueno por aquí! —Eduardo interrumpió su charla con otras dos personas, un chico y una chica, para saludarle efusivamente. Les presentó como compañeros y vendedores de una empresa de publicidad y a Luis como vendedor de Finadia. Le sorprendió que siempre usara la palabra vendedor en vez de otras formas del tipo *gestor de cuentas* como era habitual en el gremio comercial.

—Ponte un café que empezamos la Mesa, bueno la reunión —añadió.

Los dos vendedores se fueron también a la sala y él aprovechó para contarle que cada tres semanas se organizaba una mesa redonda en martes que se repetía el jueves siempre con un tema central de ventas. Se apuntaban, lógicamente, personas distintas formando dos grupos permanentes, el del martes y el del jueves, que Eduardo dirigía. Esa semana tocaba el tema de las objeciones y le aclaró que tenía una duración máxima de una hora y cuarto; cuarenta o cincuenta minutos de discusión y diez o quince de conclusiones y plan de acción.

Entraron en una sala con una gran mesa ovalada central en la que ya había cinco personas sentadas; sobre la marcha llegó otra, un hombre de más edad que el resto; así que con ellos sumaban ocho personas en total. Se notaba que todos se conocían bien. Tras cerrar la puerta, Eduardo se situó en la cabecera, dio los buenos días, presentó a Luis y después tuvo el detalle de pedirle a todos que, de forma breve, también se presentaran. A continuación le llamó la atención que Eduardo abriera otra ronda de intervenciones para que cada uno contara cómo le había ido con el Plan de Mejora desde la Mesa anterior.

Al parecer, al finalizar aquella Mesa, todos se habían comprometido a realizar un ejercicio para identificar el *valor añadido* que para cada uno aportaba su empresa e incorporar el resultado a sus presentaciones comerciales. Resultaba interesante ver cómo cada uno iba contando su experiencia tal y como había sido, al parecer sin exagerar o inventar nada. La mayoría de experiencias eran positivas, pero algunas del tipo *he tenido unas semanas que no he parado de viajar y no he realizado el ejercicio* o *a mí no me ha funcionado* no escandalizaban a nadie. Estaba claro que tenían asumido que mentir en ese foro era perjudicarse a uno mismo. Se respiraba madurez y responsabilidad en el ambiente y Luis lo valoró mucho. En el pasado, él mismo, en la reunión comercial semanal, en alguna ocasión había engordado los números de llamadas y de visitas comerciales. Entonces le tranquilizaba el saber que muchos lo hacían, pero aquí, al parecer, era diferente.

Terminada la ronda Eduardo hizo un breve balance e, inmediatamente, abrió la Mesa de la semana con una pregunta:

—¿Qué tal suena la palabra *Objeciones*?

A Luis le sorprendió cómo trascurrió la Mesa. Parecía que había unas normas muy claras y bien aceptadas por todos; no se interrumpían, todos participaban sin miedo a dar su opinión aunque fuera discrepando la de alguien y, cada vez que existía un cierto consenso en algo, Eduardo lo escribía en una tablet que proyectaba la imagen en la pantalla de la sala. Algunos tomaban nota pero todos sabían que esas conclusiones escritas a mano después Alfonso las convertiría en texto y se las haría llegar a todos por correo electrónico.

Después a Luis ya le cuadró el ver que cada uno tenía que hacer por su cuenta un Plan de Mejora Personal comprometiéndose a poner en práctica conceptos o herramientas que se hubieran tratado en la Mesa.

Luis se fijó en lo que fue la única nota discordante de la reunión y es que el vendedor de más edad, subdirector de una oficina bancaria, quiso acaparar demasiado protagonismo, pero Eduardo, de forma muy elegante a la vez que clara, recondujo la situación con la aceptación y la disculpa que parecía sincera por parte del subdirector. Pero de todo, lo que más le impresionó fue que el mismo Eduardo participó como uno más aunque, dada su gran experiencia y carisma, sus opiniones y recomendaciones fueron siempre muy bien aceptadas por todos.

Al terminar la Mesa, mientras iban saliendo, todos le dieron a Luis su tarjeta y él correspondió con la suya. Le llamó la atención también que uno de los vendedores de publicidad antes de terminar había preguntado al grupo si alguien le podía poner en contacto con algún distribuidor de Movistar de la zona sur de Madrid para recomendárselo a uno de sus clientes, una persona levantó la mano y ahora al salir se les veía hablando del tema.

—*Curioso* —pensó él.

—Luis, ¿te vas con prisas o tienes tiempo para que te enseñe el centro?

—Sí claro, puedo quedarme un rato; tengo tiempo. Además me apetece mucho conocerlo —estaba entusiasmado con lo que estaba viendo y, como no tenía ninguna visita hasta la tarde, no dudó en quedarse el tiempo que hiciera falta.

—Acompáñame entonces, por favor —añadió mientras dirigía su silla hacia el pasillo.

El Rincón no es que fuera un lugar de lujo pero algo tenía que lo hacía muy confortable y agradable. El edificio anteriormente había sido un consulado que se cerró de forma fulminante por asuntos políticos y que tuvieron que vender a un precio de verdadera ganga. Eduardo ya era una persona querida pero tras su accidente todos sus amigos se volcaron en él. Uno de los mejores, al que consideraba casi un hermano y que además era un importante empresario del sector inmobiliario, fue quien le avisó en cuanto conoció la oportunidad del edificio y también quien le gestionó la compra con todo tipo de facilidades. Así adquirió unas instalaciones que, aunque necesitaron de más inversión para su remodelación, se ajustaban perfectamente al sueño casi imposible que él tenía para *su Rincón*; un lugar céntrico en Madrid, que fuera tranquilo y con facilidad de aparcamiento. En su idea siempre estuvieron primero sus vendedores y sabía el gran problema que para todo vendedor supone el aparcamiento en una capital como Madrid. Así que el lugar para su soñado *Club de Vendedores* reunía unas magníficas condiciones.

Y ya dentro del edificio, según iba viendo Luis, su sueño también encajó muy bien. En la planta baja había según se entraba, además del hall donde estaba la recepción, una generosa oficina, un baño cercano y, tras un corto pasillo, una cocina muy bien equipada para hacerse alguna comida rápida en la que, además, había una máquina de café e infusiones y una nevera con refrescos; *—nada de alcohol—* le aclaró Eduardo. En el generoso pasillo principal de la planta le llamó la atención que había unos casilleros con nombres –el de los vendedores, imaginó–, algo que había en ESIC cuando él hizo su máster y que le dio una impresión de mucha organización.

Siguieron avanzando y lo que debió ser en su momento un enorme salón ahora era la amplia sala de reuniones en la que se desarrollaban las Mesas. Además de la gran mesa ovalada en el centro con sus correspondientes sillones, la sala contaba con un proyector en el techo y un papelógrafo. Se veía que estaba preparada para todo tipo de reuniones. El salón adyacente, también grande, era una biblioteca muy bien organizada repleta de libros de contenido comercial y de desarrollo personal que –como le comentó Eduardo– se podían sacar para llevárselos a casa. El espacio central de la biblioteca contaba con unos tresillos y sofás con aspecto de ser muy cómodos. Y debían serlo porque le contó que algún vendedor ya los usaba para echar una cabezadita después de comer. No estaban para eso, pero él quería que sus vendedores se sintieran como en casa. La planta baja la completaban, además de otro baño y los despachos de Eduardo y Blanca, otras dos salas como la que utilizaron para reunirse, equipadas con mesa, teléfono y un mínimo de material de papelería por si algún vendedor tenía que hacer alguna llamada comercial. De hecho, en una de las dos estaba llamando, agenda en mano, la joven que había participado en la Mesa.

Por un ascensor, adaptado para Eduardo, subieron a la única planta superior. Contaba con otro baño, otros tres despachos multiusos como los de la planta baja, otra sala de reuniones también muy completa aunque algo más pequeña que la de abajo y una fantástica terraza preparada para encuentros ya más informales, aunque le aclaró que todavía se usaba poco.

—Con el tiempo —añadió.

Finalmente, siendo ya bastante lo que hasta ahora Luis había visto, llegó lo que más le impresionó. Bajaron por el ascensor a la planta menos uno y allí, además de una sala de reprografía donde preparaban la documentación de los cursos, tenían un gimnasio.

—*Increíble* —pensó Luis.

Para su pequeño tamaño estaba bien equipado. Tenía un par de cintas y otro de bicicletas estáticas, así como pesas de todo tipo, además de espalderas y algún otro aparato. Y la guinda era que el gimnasio contaba con unos pequeños vestuarios preparados incluso para poder ducharse.

—La buena forma física es algo a lo que siempre he dado mucha importancia en un buen vendedor —le comentó.

Al parecer, la joya del lugar ya contaba con tres o cuatro vendedores habituales, sobre todo a mediodía.

Subieron otra vez a la planta principal y de nuevo en la sala donde habían estado reunidos, Eduardo le explicó brevemente el funcionamiento del *Rincón* y sus costes. El vendedor pagaba una cuota anual de cuarenta y ocho euros que le daba derecho a disfrutar de todas las instalaciones del centro todo el año sin ningún límite, salvo las salas para llamadas que se limitaba su uso a cuarenta y cinco minutos al día. Le dejó claro que en Vendo no había ningún tipo de compromiso de permanencia como pasaba, por ejemplo, en la telefonía móvil. Se pagaba la cuota anual para facilitar la facturación pero si alguien quería darse de baja lo podía hacer en cualquier momento recuperando la parte proporcional que no iba a disfrutar.

—Lo último que quiero es que siga aquí un vendedor que esté a disgusto sólo por haber pagado todo el año —comentó.

Después le contó que se organizaban las Mesas que ya conocía con un precio de ocho euros cada una. Y, finalmente, él ofrecía tutorías personalizadas de una hora de duración para profundizar en el tema de la Mesa o para recuperarla si el vendedor esa semana no podía asistir. Las tutorías tenían un precio de quince euros la sesión. En este punto Luis le interrumpió:

—Ah, ¿es una sesión de coaching?

—No, en absoluto. De entrada costaría muchísimo más dinero —replicó Eduardo—. Ya llevamos muchos años en que la palabra coaching se ha puesto de moda y ahora parece que todo el mundo es coach. Yo me rebelo mucho ante esto porque creo que hay mucho intrusismo. Yo no soy coach, honestamente creo que no lo haría bien y admiro y respeto mucho a los que sí son coaches profesionales. Yo le llamo *tutoría* porque al vendedor le trasmito en base a mi experiencia lo que yo hago, hacía o lo que haría en la situación de venta de la que hablemos. Esto jamás lo hace un buen coach. El coach te abre los ojos para que tú mismo investigues otros caminos o soluciones y luego tú sólo elijas la que creas oportuna. A mí eso me costaría muchísimo. Tengo tan claro lo que a mí siempre me ha funcionado en la venta que me resultaría imposible dejar de aconsejarlo.

Sobre el precio a pagar para ser socio de Vendo, él sabía que objetivamente no eran cantidades altas para una empresa, pero sí lo eran para el bolsillo de algunos vendedores, sobre todo los que empezaban o los autónomos que no contaban con un sueldo fijo. Pero si algo siempre había trasmitido Eduardo en sus entrenamientos comerciales relativo a precios es que un vendedor nunca debe trabajar gratis.

—*Lo gratuito pierde valor* —decía siempre.

También aclaraba en sus entrenamientos que se puede no cobrar y no ser *gratis*; aclaración que siempre necesitaba de más explicación. Él había aprendido hacía ya muchos años que en negociación *no se regala nada* y que si algo lo das sin cobrar dinero, te lo tienes que cobrar en algún momento y de alguna forma, aunque sea sólo haciéndolo valer en una nueva negociación, *acuérdate que hace tres meses te di este servicio o producto tal y no te cobré...*

Esto es lo que él quería que ocurriera con sus vendedores; que pagaran por cada actividad que él consideraba de valor en Vendo para que, precisamente, le dieran valor. Él, desgraciadamente, podría permitirse que su gran sueño fuera gratuito pero nunca cedió a ello aunque por el precio también se le escaparan clientes –en su caso vendedores– como le ocurre a todas las empresas.

Finalmente le explicó algo que le convenció mucho y era el gran enriquecimiento que suponía el compartir ratos con profesionales de otros sectores. Además de ganar en cultura general, algo que siempre es importante para todo vendedor, Eduardo destacaba que hay sectores muy interdependientes y que es muy positivo para el vendedor conocer bien cómo es la gestión comercial en el otro sector con el que se relacione. Le recordó como ejemplo que en la Mesa que acababan de terminar, además del subdirector de oficina bancaria, había otra persona de una empresa dedicada a tasaciones inmobiliarias y Luis entendió enseguida a qué se refería. También sobre esto le explicó que en el *Rincón* se contemplaba abiertamente el marketing relacional, de tal forma que todos los vendedores se ayudaban entre sí aportándose clientes cuando les llegaba la oportunidad, tal y como observó tras la

Mesa cuando un participante puso en contacto a otro con un distribuidor de Movistar.

—*Qué interesante* —pensó.

Con esta aclaración Luis ya completó su idea de Vendo. Un *Centro de Entrenamiento de Vendedores* con acciones formativas en el ámbito comercial que contrataban las empresas, área que dirigía Blanca, y *El Rincón del Vendedor* que llevaba personalmente Eduardo, en el que podían disfrutar de unas instalaciones preparadas para desarrollarse comercialmente, relacionarse con otros vendedores, realizar alguna gestión comercial, ejercitarse físicamente o, simplemente, descansar. Además contaba con las Mesas y las tutorías; algo que le pareció una de las mejores formas para mantenerse un vendedor al día en habilidades comerciales. Esto último le había gustado mucho.

Al despedirse se llevó toda la información, precios incluidos y quedó con que le daría una vuelta al tema. El salió convencido de unirse al *club*. La inversión económica la podía afrontar pero tendría que ver cómo encajaba sus horarios con Finadia, porque la asistencia a la Mesa los martes o los jueves le harían llegar allí después de las 09:00 h. y eso tenía que estar autorizado. Igual que la tutorías, que aunque se hicieran en horario de calle, él prefería que su jefe de equipo y su director comercial lo supieran. No quería correr el riesgo de perder su confianza.

Ya en Finadia, lo primero que hizo fue contarle la posibilidad de Vendo a su jefe de equipo y tras contar con su visto bueno fueron a ver al director comercial.

—Hola César, necesito comentarte una propuesta de Luis. ¿Podría ser ahora? —el director comercial estaba revisando en ese momento los datos de venta del mes.

—Sí, pasad. Esto puede esperar algo.

César y Luis llevaban ya unos años juntos, se conocían bien y él sabía que si Luis le pedía *audiencia* para algo es que la necesitaba.

Durante un rato les estuvo contando en qué consistía el peculiar *Club de Vendedores*. César ni conocía ni había oído hablar de Eduardo y, a priori, la idea también le pareció muy original y buena, aunque le parecía difícil de mantener en el tiempo. Pero por ser Luis le autorizó a que se apuntara dejando a su decisión el cortarlo si al final le interfería en la normalidad de su trabajo. Lo que lógicamente sí quedó claro fue que los costes corrían de su cuenta.

Terminada la jornada, Luis conducía camino a su casa dándole vueltas al tema cuando le vino a la mente Diego. ¿Y si él también se animara? Al fin y al cabo fue él quien sorprendentemente habló bien de Eduardo.

—Algo de camino ya estaba recorrido —pensó. Pero inmediatamente lo descartó por completo porque vio claro que la idea se la tiraría a la cara nada más planteárselo. Era una pena pero ver a Diego en Vendo se le antojaba imposible.

Al llegar a casa habló por teléfono con Olga, como hacían a diario cuando no podían quedar para verse. Le contó muy ilusionado su vivencia en Vendo y le anticipó que estaba muy animado a apuntarse.

—Ah, por mí haz lo que quieras. Estoy hasta arriba de trabajo, así que me da igual.

El entusiasmo de Luis chocó una vez más con la frialdad habitual de ella. Pero no sería él quien le dijera algo, no fuera a ser que se enfadara...

Luis se sentó en el ordenador, volvió a navegar por la web de Vendo y cuanto más buceaba más le atraía el asunto. Aprovechó también para hacer un planteamiento económico de lo que le podía suponer asociarse al año, resultando una cantidad que podía y estaba dispuesto a invertir. Pronto esperaba ser promovido a jefe de equipo y ya asumía que de él dependería la formación comercial de nuevos asesores, así que cuanto más entrenado estuviera, mejor.

Lo que no tenía claro era cuando empezar. Ya se habían metido a finales de noviembre y en Finadia entraban en *temporada alta*. El final de año para todo el sector financiero siempre ha sido un momento comercialmente clave, porque es época de aportaciones o movimientos de capitales con vista a la declaración de la renta del ejercicio. Pensó entonces en que hablaría con Eduardo para confirmarle que se uniría a Vendo, con idea de hacerlo mejor a primeros de 2009 que ya llegaba pronto.

Con tanto pensar y dar vueltas a Vendo, cuando miró la hora vio que ya pasaban diez minutos de la media noche. Apagó el ordenador y se fue a dormir sin poder dejar de pensar en la Mesa hablando de objeciones, en el gimnasio, en los vendedores que había conocido de sectores tan dispares, en las tutorías y, sobre todo, en la satisfacción que le había supuesto recuperar el contacto con Eduardo. Los dos ratos que había compartido con él, de menos de una hora cada uno, le hacían sentirse más orgulloso del trabajo comercial que realizaba en Finadia. Y con ese bienestar, se durmió.

Al día siguiente, según habían convenido, Luis llamó a Eduardo y le contó sus planes, él se alegró de su decisión y le aclaró que le iba muy bien incorporarse en enero ya que entonces empezaba el ciclo completo de Mesas que se organizaba al año. En cada ciclo se iban tratando todos los aspectos de un proceso de venta completo, así que entrar al inicio de ciclo era perfecto. Se despidieron entonces deseándose ya unas Felices Navidades.

MENSAJES CLAVE

19. En tu jornada comercial regala sonrisas por donde vayas; te abrirán las puertas de tus ventas.

20. Siéntete vendedor aunque no figure en tu tarjeta.

21. Analiza y define bien qué valor añadido ofrecéis tanto tú como tu empresa. Es lo único que le interesa al cliente.

22. Que no queden tus ganas de mejorar en una mera declaración de intenciones. Plásmalo por escrito en un Plan de Mejora y revísalo periódicamente. Aunque duela.

23. Sé un vendedor íntegro al aceptar tus errores; después pide disculpas sin matices. No hay mejor forma de pasar página.

24. Cuida tanto tu forma física como tu nutrición. Lo necesitas y mucho para abordar con energía tu dura jornada comercial.

25. En una negociación comercial nada es gratis y mucho menos tu trabajo. Lo que anticipes sin coste, cóbratelo cuando toque.

26. Nunca corras el riesgo de perder la confianza de tus compañeros y responsables. Es muy difícil recuperarla.

27. No desistas en tu entusiasmo aunque a veces choque con la frialdad del otro. Es su problema.

28. Entrena y entrena. Cuanto más mejor; ya vendrán los resultados. Seguro.

Capítulo 5

Objetivo: Diego

Todos tenemos un poder y una capacidad inconmensurables para reinventar nuestra vida.
Stephen Covey

La situación de Diego va cada día peor, tanto en casa como en el trabajo. Luis e Inés buscan soluciones para cambiar su rumbo. Fácil no es...

Martes, 16 de diciembre de 2008.

—Diego, ¿podemos hablar?

Inés aprovechó que eran las once de la noche, ya habían terminado la cena, la cocina estaba recogida –por ella, claro–, se encontraban sentados en el salón y Lucía dormía profundamente después de un día de diciembre inesperadamente soleado, lo que para una criatura en una guardería supone no parar de jugar y correr hasta el agotamiento.

—¿Hablar de qué? —replicó él en un tono desafiante.

—Pues de lo que nos pasa.

—Será a ti. A mí no me pasa nada.

—Diego, sabes bien que no somos los de antes.

Inés empleaba muy bien con él la primera persona del plural. Sabía que era a ella a la que de verdad no le pasaba nada, pero si tenía alguna opción de tratar el tema con Diego tenía que ser sin que él se sintiera agredido. Pero ni aun así. Él estaba más desquiciado que nunca.

—¡Ya estamos con las *charletas*! ¡No pasa nada! Estamos como todas las parejas cuando llevan años casados. ¿Qué quieres que nos vayamos de marcha toda la noche y terminar de chocolate con churros en la Plaza Mayor?

—Diego, por favor. Sabes perfectamente que no quiero eso. Pero tampoco el otro extremo. Parecemos dos perfectos desconocidos. Y creo que la niña ya se da cuenta.

Él resopló mirando al suelo indicando claramente que el tema le incomodaba mucho. Sabía que ella tenía razón pero no quería afrontar la situación.

—Oye, estoy muy cansado. Si quieres lo hablamos mañana.

—Dime sólo algo, por favor. ¿Tienes problemas en el trabajo? Si es eso dímelo con toda confianza que siempre será mejor que estemos los dos para encontrar una solución.

Diego permanecía callado. La situación le superaba. Inés continuó.

—Yo trabajo y soy la primera que sé que está todo muy difícil. No me voy a asustar porque me digas que estás mal. Y si hay que buscar otro trabajo, nos ponemos a ello. Siempre será mejor adelantarse a que luego sea tarde.

—Mira que estás pesada. ¿Por qué voy a tener problemas en el trabajo? ¿De dónde sacas eso?

Inés se asustó mucho porque le dio la impresión que podía saber algo de su encuentro con Luis y eso sería un desastre. Así que prefirió dar marcha atrás.

—Vale, vale. Si dices que estás bien, te creo. Era sólo porque alguna vez te has quejado mucho y me daba esa impresión. Será verdad lo que dices... que os tienen como en un cuartel.

La medio retirada pareció surgir efecto, él se relajó algo y, al menos, no se escapó como en él era costumbre.

—Ya te conté que ahora tengo que hacer demasiadas cosas y me tienen, como a todos, muy *quemado*.

Parecía que Diego quería hablar algo. Era sólo una pequeña batalla ganada en una gran guerra, pero a ella le valía cualquier mínimo avance con tal de arreglar las cosas; sobre todo entre ellos.

—Ya, me imagino. Qué pena porque has pasado unos años muy contento...

—Claro, hasta que a los jefes les ha dado por pensar. ¡Qué vara con lo de que esto es una crisis de las grandes! Ya verás como luego no será para tanto.

Ella, viendo que al menos tenía ganas de hablar, se la jugó con el tema que sabía que era delicado.

—¿Y de aquello que me contaste de que estabas atendiendo y visitando clientes? ¿Sigues en ello?

—Pero bueno, ¿tú que eres del CNI?, ¿una espía del gobierno?

Lamentablemente la estrategia no funcionó.

—No, sólo era por charlar de algo. Perdona.

—Perdonada. Uno que se va al *sobre*.

—Bueno, necesito que hablemos otro tema.

—Dime —le respondió ya de pie con toda la intención de irse.

—Ya tenemos las Navidades encima y sería bueno saber los planes. ¿Quieres que organicemos algo este año con tu padre?

—¡Pero si no se entera de nada! —saltó él.

—Oye, Diego, no seas así. Con esta enfermedad todos los especialistas coinciden en que seguir tratándoles con normalidad, si no les cura, al menos retrasa algo su deterioro. Y es tu padre.

—Vale, pero ya veremos qué hacemos. Hay tiempo.

—Sí, esto es lo que me dices siempre. Luego nunca vamos a Toledo, terminamos pasando las fechas señaladas con mi familia y después te falta tiempo para echármelo en cara.

Ella continuó.

—Y si lo de ir a Toledo no te va bien, a mí no me importa que pasemos Nochebuena o incluso Nochevieja con amigos en algún sitio. Sabes que mis padres no esconden que se quedan encantados con Lucía. ¿Hacemos algún plan aunque suene loco? Una casa rural, la fiesta de fin de año que anuncian en el Casino de Torrelodones, no sé, algo diferente... Podrías hablarlo con Luis...

—¡Qué pesada! Que ya lo veremos. Y a Luis déjale que le quedan dos telediarios para ser jefe. Lo que faltaba...

Y sin más salió del salón dejando a Inés con la palabra en la boca.

A ella le pareció raro que Diego aguantara tanto la conversación sin retirarse por la vía rápida, pero el balance que hacía del intento de acercamiento era que las cosas seguían igual. Sólo le había confirmado que estaba muy quemado y encima que Luis no era ningún santo de su devoción. Ningún avance.

Finadia, viernes 19 de diciembre de 2008. 12:00 h.

—Luis, ¿te tomas un café? —le preguntó César, el director comercial.

—Sí claro, ¿aquí o en la calle?

—Mejor fuera.

—Déjame entonces cinco minutos para completar y enviar unas modificaciones de un estudio.

—Vale, avísame.

En el mundo comercial cuando tu jefe de equipo te pide tomar un café puede ser preocupante. Si es fuera de la oficina, aún más. Y si es viernes, échate a temblar. Pero si a todo lo anterior le sumas que es el director comercial con cara de pocos amigos el que te lo pide, algo serio pasa. Luis se preocupó mucho y en esos minutos, mientras completaba el estudio, hizo un repaso mental para ver qué había pasado recientemente que justificara el misterioso café. Era cierto que el martes había tenido un problema serio con un cliente pero el incidente estaba bien reconducido y, además, esas cuestiones se gestionaban siempre con el jefe de equipo.

—Cuando quieras —le dijo a su director asomándose a su despacho.

—Vamos.

Bajaron y sus sospechas se confirmaron aún más cuando se fueron al Mesón Castilla y no al Noray, cafetería de estilo marinero donde iban normalmente por ser la más próxima a la oficina. Pidieron sus cafés e inmediatamente entraron en materia.

—Mira, te quiero hablar de Diego.

Luis, aunque de alguna forma suspiró, viendo su cara se quedó de piedra.

—Sí, dime. Algo malo, imagino.

—Me temo que sí. Ayer por la tarde tuvimos reunión de comité y, entre otros temas, se trató su caso. Lo hablo directamente contigo porque sé que habéis sido buenos amigos y tú has seguido aquí mejor que nadie su trayectoria. Los dos nos acordamos bien de cómo el año pasado estaba prácticamente en la calle y de lo que nos costó recuperarle aunque hubiera que ponerle objetivos comerciales como a todos.

—Ya lo creo que me acuerdo. No sabes lo que me remuerde ese tema.

—¿Por qué dices eso?

—Porque entonces me pediste mi opinión sobre la decisión y no me atreví a avisarte de su mala actitud hacia todo lo que sea vender. Durante todo este tiempo he pensado que realmente te engañé.

—Luis, no seas *fatigas*. Hiciste lo que tenías que hacer. Yo te pedí la opinión por ser su amigo, además fue una opinión más y en mi sueldo va el que yo sepa discernir la opinión de uno y de otro. Te aseguro que no tomamos la decisión sólo por lo que me dijiste y, además, aunque no te lo creas, con todo creo que fue una decisión acertada.

—Uff, no sabes lo que me tranquiliza escucharte esto.

—Pues no es rollo. Te lo digo de verdad.

César continuó; su seriedad delataba que el asunto era muy preocupante.

—La situación ahora es que durante este año y pico Diego prácticamente no ha generado negocio y sé que ha tenido encontronazos con mucha gente, compañeros e incluso con directores.

—Ya, lo sé —añadió mientras se temía lo peor y le venían a su mente Inés y la pequeña Lucía.

—El caso es que en el comité de ayer se planteó prescindir de él. Es más, la dirección de Recursos Humanos quería que su salida fuera inmediata.

Luis se quedó de piedra y el director lo notó.

—Sé que te afecta pero espera que te cuente. De entrada

te anticipo que he conseguido parar el tema y que me den algo de tiempo para pensar en una posibilidad que ahora te cuento y que expuse en el comité. Sería algo que, como verás, le beneficiaría.

Él, resoplando algo, seguía muy atento al director.

—Te cuento. Yo veo que, en estos tiempos tan duros que parece que se avecinan, la preparación técnica de los asesores tiene que ser mejor que nunca. Llegarán seguramente muchas peticiones de capitalizar inversiones y es ahora cuando el asesor tiene que conocer las tripas del negocio al dedillo. Es la única forma de mantener la confianza de los inversores. Y, como te estarás imaginando, es ahí donde me estoy planteando contar con la gran preparación técnica de Diego. Pasaría al departamento comercial para hacer gestión comercial, claro está, pero sería como mi mano derecha para ayudar técnicamente al equipo. ¿Cómo te suena?

—Uff, otra vez me lo pones difícil. Por una parte estaría encantado si continuara con nosotros, pero en esta ocasión sí te digo que su actitud hacia la venta no es nada buena, peor que antes incluso, cosa que tú ya sabes. No sé. ¡Vaya papeleta!

La tensión de la conversación, unido al fuerte calor que emanaba de la calefacción situada junto a su mesa, hizo que a Luis se le asomara una tímida gota de sudor en la frente que rápidamente limpió con un pañuelo de papel que sacó de su bolsillo a la vez que se aflojaba levemente la corbata.

El director continuó.

—No te escondo que a corto plazo lo que me preocupa del departamento es sacar adelante el semestre que viene y eso pasa por formar bien a los asesores que tenemos previsto que entren en febrero.

César bebió un poco del vaso de agua que había pedido antes de seguir la conversación.

—Si él acepta el reto, sabiendo que tiene un semestre para demostrar que lo supera, yo le ofrecería incorporarse al departamento. Una prórroga de seis meses es lo único que ahora me acepta el comité para él. ¿Qué te parece? ¿Crees que le parecerá bien?

César, ya muy bragado en situaciones como esta, sabía que Diego en seis meses tampoco iba a vender nada, pero quería aprovecharse de él para conseguir su objetivo comercial del departamento en las mejores condiciones. César tenía que mirar por el negocio, Diego no le preocupaba a nivel personal porque él no se había ganado su aprecio, así que claramente quería utilizarlo durante seis meses. Como la alternativa para Diego era irse a la calle, César tenía la conciencia muy tranquila con lo que proponía.

En definitiva, él dispondría de seis meses de prórroga en Finadia para compatibilizar labor comercial con la de formación que sí le gustaba y, aunque después se fuera despedido en verano, tenía un tiempo de oro para ir buscando trabajo; tiempo que ya les gustaría haber tenido a los que el año anterior tuvieron que irse. Para César era, claramente, un *win-win*. Y punto.

Luis respondió a César.

—No sé qué decirte. Me he quedado helado. Lo veía venir, pero ver tan cerca que puede irse a la calle... Y el caso, es que a pesar de su carácter, es un buen *tío*. De verdad. O al menos lo era.

—Sí, sé que vuestra amistad viene de lejos. ¿Ya de niños?

—No, tanto no, pero sí hemos hecho toda la carrera juntos. Siendo distintos, ya en primero sintonizamos pronto. Él, aunque cueste creerlo, era muy líder. Además muy completo; jugaba al baloncesto, tocaba la guitarra en la Tuna y, encima, lo sabía todo. No había apuntes que no salieran de él. Económicas casi le debe una generación a Diego.

—Quién lo diría. Qué pena.

—Desde luego. Era un ganador. Y así ocurrió que se llevó a Inés, la joya de mujer que tiene y por la que suspiraba todo Biológicas y parte del extranjero...

—Sí, creo que la conozco. Me parece recordar que vino a una cena de empresa y un par de veces me parece que también ha pasado por la oficina. Parece buena gente.

—Sabes, precisamente hace unas semanas me llamó muy preocupada por Diego.

—¿Ah, sí?

—Sí, está desesperada. En casa es igual o peor. Y no sabe qué hacer.

—No te digo que me alivie oírlo, pero con este tipo de personas tan victimistas llega un momento en que uno no sabe si tienen algo de razón. Pero si en casa es igual, eso es que está peleado con el mundo y no sé si tiene arreglo.

—Seguramente, pero por mi parte todo lo que sea intentarlo me parece bien —añadió Luis.

El director miró la hora. Se hacía tarde.

—¿Nos vamos? —preguntó.

—Vale —contestó Luis mientras intentaba pagar, lo que el director no permitió.

—Bueno, como me han dado margen para llevar la propuesta al comité hasta enero, mejor no comentemos nada en Finadia. El comité también se comprometió a mantenerlo en secreto para no estropearle las Navidades, al menos a su familia.

—De acuerdo, me parece bien. Uff... ¡qué disgusto me llevo!

—Me imagino. Échale una pensada a lo que te he contado y si se te ocurre algo me lo dices. Creo que también te tomas el segundo turno de Navidad. Lo hablaríamos entonces antes de irnos.

—De acuerdo. Y gracias por tu confianza.

—De nada. Te la has ganado.

Volvieron a la oficina, Luis con ese mal cuerpo que dejan noticias como éstas, aunque con cierto alivio porque al menos el director le había dejado abierta una puerta a Diego. Había sido sin duda su mejor amigo y a pesar de su deriva en los últimos años, él le seguía queriendo como se quiere a los buenos amigos. Llegó a su mesa abatido.

Y la papeleta con la que se enfrentaba era como la del que se entera de que a su mejor amigo su pareja le engaña y se debate entre callar o desvelar.

¿Qué hago con Inés? ¿Le cuento o me callo? ¿Le ayudo a tomar el toro por los cuernos cuanto antes o mejor dejo que pase unas Navidades tranquilas? —pensó mientras recogía para irse a comer.

Prefirió comer solo para poner sus ideas en orden. Llegado el café que se pidió como postre, se iluminó. Inés fue la que le llamó en su momento muy preocupada demostrando tener una gran fortaleza para afrontar cualquier situación aunque doliese, así que claramente la veía preparada para saber que la situación estaba mucho peor que cuando hablaron del tema. Y, sobre todo, viéndolo por pasiva, tenía claro que ella no le perdonaría no habérselo contado antes. Encima era viernes y había visto a Diego despedirse como de costumbre camino de la última sesión de su máster antes de Navidad.

Inmediatamente marcó el móvil de Inés.

—¿Sí?

—Hola Inés, soy Luis.

—Hola, ¿ha pasado algo?

Parecía que estaban repitiendo su última conversación telefónica, pero ahora con los papeles cambiados.

—Bueno, sí. Me gustaría que volviéramos a vernos. Creo que es importante.

—Pero, ¿pasa algo?

—Sí, la situación con Diego aquí en la empresa está peor que cuando nos vimos.

—¿De verdad?¿Le han echado?

—No, de verdad que no pero... Mira, ahora está en el máster así que mejor vernos y hablar. No sé si ahora puedes.

—Claro que puedo. Les contaré una *milonga* a mis padres para que recojan a mi hija. ¿Dónde te va bien quedar? A mí ya sabes que la zona norte, por Plaza Castilla me vendría bien.

—Sí, a mí también.

—¿Conoces el Vips de Mateo Inurria muy cerca de Plaza Castilla?

—Sí, enfrente de una gasolinera.

—Sí, eso es. Nos damos cuarenta y cinco minutos. ¿A las cinco?

—Vale, a las cinco nos vemos allí —apuntilló Luis.

Inés colgó descompuesta pero una fuerza interior le empujó a no dejarse abatir. Peor lo pasaron cuando no llegaba su deseado hijo y consiguió autoconvencerse de que tenía que ser fuerte. Se vislumbraba una gran y larga batalla pero al menos iba a pelear. Y no contra Diego, sino junto a él. Ahora le iba a necesitar más que nunca y a ella le tocaba aguantar el tipo. Aun así, se notó la boca seca del disgusto y se dirigió hacia la cocina de su empresa a beber agua no sin antes apagar el ordenador, coger el bolso, el abrigo y despedirse de sus compañeros con un forzado *buen fin de semana.*

Al entrar en Vips, allí estaba de nuevo Luis. Su cara no era la que tenía cuando se vieron la otra vez. A todas luces ahora todo estaba mucho peor.

Durante una larga hora él le expuso con toda claridad, aunque con mucho tacto, todo lo acontecido, sobre todo lo que le había contado el director comercial. Inés, aunque se quería *agarrar al clavo ardiendo* de que le podrían mantener hasta el verano siguiente, vio claro que Diego ya no tenía sitio en Finadia. Además, el socio, padre de su gran amiga de carrera, que empujó en su día para que entraran los dos en la empresa, ya se había jubilado. Ahora no había donde agarrarse, Diego había quemado todas las naves en Finadia y tenía que ponerse a buscar trabajo debajo de las piedras. Lo tenía muy claro.

De pronto Luis se calló y se quedó pensativo.

—¿Qué pasa? ¿En qué piensas? No me asustes más.

Tras alargar algo más su silencio, retomó la palabra.

—Inés, a lo mejor es una tontería y queda el tema en nada, pero se me ocurre algo.

—Luis, lo que sea lo intentamos. Cuéntame, por favor.

—¿Te acuerdas que me dijiste que te sorprendió Diego hablando bien de un profesor del máster de ESIC?

—Claro, perfectamente. El que iba en silla de ruedas, que además tú conocías de hacía mucho ¿verdad?

—Exacto. Pues no te he contado que estuve con él en su empresa y me impactó mucho lo que ha organizado. Se trata de...

Durante veinte minutos más le estuvo hablando de Vendo y le planteó la posibilidad de que él también se inscribiera. Al terminar, ella le preguntó:

—Pero si él no puede con todo lo que sea vender ¿cómo va a querer meterse ahí?

—Ya, fácil no va a ser. Pero puede ser nuestro último tren. Lo que te quiero decir es que por intentarlo no perdemos nada. Si metemos en el asunto al director comercial estoy seguro que apoyará la idea. El *no* ya lo tenemos, pero sé que el director es el primer interesado en que Diego esté lo más tranquilo posible durante el tiempo que le quede en Finadia, y a lo mejor con esto se consigue algo. Creo que él, al ver que de alguna forma se le da un trato especial al liberarle algo del horario general, quizá se sienta a gusto con la situación. Y si esto funciona, aun poniéndonos en lo peor y que luego tenga que salir de la empresa, quizá lo haga dejando bien formados a los nuevos asesores también en lo comercial; y, sobre todo, más tranquilo y sin cerrase una puerta porque *nunca se sabe*. Es algo así como que se le permita desligarse algunos momentos de Finadia para participar en formación comercial, pero sin quedarse en casa. Insisto en que no perdemos nada.

—Ya Luis, no sé.... No conozco este sitio pero viéndote a ti tan animado y sabiendo que el tal profesor es de las pocas personas que le han gustado últimamente, te diría que adelante. Es verdad que otra cosa no tenemos.

—Tú vete viendo la web y seguimos dándole vueltas al tema. Acuérdate que se llama Vendo pero, ¡ojo! que Diego no te pille. Será una gran mentira entre el director, tú y yo, pero con el único ánimo de ayudarle. Yo lo veo así.

Y así se fueron despidiendo. Inés se iba de nuevo muy preocupada, aunque con mucha fuerza interior y con una primera solución que no veía muy clara, pero que no descartaba porque Luis sí la veía.

—Nos llamamos con cuidado si hay algo, ¿te parece? —añadió Luis.

—Sí, claro. Un millón de gracias. No sé cómo pagarte...

Luis le interrumpió:

—Por favor. Hoy por ti y mañana por mí. Cuídate mucho.

Una semana después Luis volvió a hablar con César. Le contó su encuentro con Inés, le planteó la vía Vendo para Diego y él no puso pegas. Tal y como le había comentado a ella, lo importante para César era que durante el semestre estuviera lo más a gusto posible y también coincidía con él en que quizá el autorizarle a llegar algunos días algo más tarde y poder asistir a las tutorías, podía ser ese punto de trato especial que siempre había buscado y tanto necesitaba. Si a su jefe de equipo le parecía bien, Vendo para Diego tenía luz verde. Quedaba, claro está, que llegado el momento, él también quisiera.

MENSAJES CLAVE

29. En conversaciones tensas utiliza mejor la primera persona del plural. El otro no se sentirá agredido.

30. No te guardes algo relevante que después pueda martirizarte. Atrévete a sacarlo; la venta relacional exige transparencia.

31. No olvides que los directivos deben velar por el sostenimiento de la empresa; algo que no es fácil y que a veces los vendedores no valoramos. Si no hay empresa, tampoco hay vendedores.

32. La venta continúa en casa. No trates a los tuyos como jamás tratarías a tus clientes.

33. La confianza que generas en tus clientes no te la regalan, te la ganas.

34. Afrontar y superar los obstáculos del camino, por grandes que sean, forma parte del juego de la vida. A por ellos.

35. Para que el otro te compre tu idea, antes él tiene que ver su beneficio. Entiende que es lo justo.

36. Hoy por ti, mañana por mí. Vender es ayudar y también, por supuesto, recibir.

Capítulo 6

Una decisión de comité

La Vida es una oportunidad, aprovéchala.
Teresa de Calcuta

In extremis, la vida le dará otra oportunidad laboral a Diego. Ahora Vendo puede ser parte de su solución; algo que Inés no ve claro. Coger y aprovechar este último tren ya depende de Diego...

Las Navidades pasaron como Inés se temía, sin pena ni gloria. Diego, como ella esperaba, no quiso hacer ninguna de las *locuras* que le propuso. Todo quedó en una escapada rápida a Toledo a ver a su padre en un día de diario y las fiestas señaladas con la familia de ella. Lo de siempre.

El jueves ocho de enero tocó incorporarse a sus trabajos; él a Finadia con el desinterés de los últimos tiempos y ella a Marpha con la angustia de lo que sabía. El caso de

Diego sería tratado en el comité de dirección que se celebraría el viernes dieciséis, con la papeleta del director comercial de tener que *vender* a todos su propuesta de incorporarle a su departamento.

La semana trascurrió en ambos trabajos con el bajón postvacacional del que no se libra nadie. Conversaciones por todos los sitios del tipo... *qué tal las Navidades, qué te han traído los Reyes, cuándo llega el primer puente...*, en fin, lo habitual. Y en lo comercial, vuelta a abrir la agenda a tirar de teléfono y a cerrar reuniones con clientes. También lo normal.

Luis durante las Navidades intentó, como hacía siempre que estaba de vacaciones, desconectar y disfrutar el momento. Y de alguna forma lo consiguió. Pero al reincorporarse al trabajo se volvió a activar en su cabeza el caso *Diego*. En una semana, si César no convencía al comité, estaría en la calle y eso ahora de nuevo le quitaba el sueño.

Y dándole vueltas al tema pensó que quizá sería bueno meter ya en la *trama* a Eduardo. Si Diego continuaba en Finadia ya estaba autorizado a que participara en Vendo y entonces Eduardo pasaría a ser un eslabón importante en su futuro inmediato.

—Inés, César y yo estamos maniobrando a sus espaldas para ayudarle, pero puede ser que nos estemos equivocando en algo y a lo mejor Eduardo, desde la distancia, ve otra opción; quién sabe si mejor... Le iré a ver —pensó.

—Vendo, buenos días.

—Hola Silvia, buenos días. Soy Luis Rivas.

—Hola Luis, feliz año, ¿qué tal las vacaciones?

—Yo bien, ¿y tú?

—Muy tranquilas, en el pueblo. En familia.

—¿Qué pueblo?

—Santibáñez, en Salamanca. Cerca de Guijuelo.

—No, no lo conozco. Pero seguro que has estado mejor que en esta locura de Madrid.

—Más tranquilos, seguro. Bueno, cuéntame.

—Me gustaría hablar con Eduardo. No sé si estará.

—Estar sí está, pero estaba reunido con Blanca. Espera a ver si han terminado... —Tras unos segundos: Sí, te paso.

—Muchas gracias.

—De nada.

—Hola Luis, feliz año.

—Igualmente Eduardo. Y sí, que venga bien el año que buena falta hace.

—Desde luego. Los augurios para este 2009 son peor que malos. Bueno de eso sabéis más los economistas.

—Sí, pinta mal el panorama.

—Bueno, ¿qué te cuentas?, ¿qué tal las fiestas?

—Bien gracias. Me imagino que como vosotros.

—Bueno, como te imaginarás, para Blanca y para mí éstas no son nuestras mejores fiestas.

—Ya, entiendo.

—Pero bueno, cuéntame —añadió enseguida.

—Te llamo porque, además de que te confirmo que quiero empezar a asistir a las Mesas, como te comenté antes de Navidad, te quería hablar de un asunto. Por cierto, entiendo que tendré que pasar por Vendo a inscribirme.

—Bueno, lo de la inscripción no urge. Alfonso te dará ya de alta, te mandará el calendario de las Mesas –que creo empezamos el martes veinte con el Grupo 1– y cuando vengas formalizas la matrícula. No te preocupes. Y el otro tema, ¿quieres hablarlo ahora por teléfono?

—No, es un tema delicado. Si no te importa, prefiero verte. Y si es posible, mejor antes del viernes dieciséis.

—Déjame ver —contestó mientras abría la agenda de su Outlook.

—¿El martes trece?, ¿o eres supersticioso?

—No, para nada, ¿a qué hora te va bien a ti?

—¿Puedes a las cuatro, después de comer?

—Para mí, perfecto.

—Luis, ¿usas Outlook? Es para mandarte una invitación.

—Sí, lo uso. Mándamela. Y muchas gracias.

—De nada, a ti. Hasta el martes.

—Hasta el martes. Adiós.

A Luis le tentó ponerse en contacto con Inés para ver cómo estaba, aunque suponía que cada vez más intranquila según se acercaba el dieciséis de enero. Como ya ocurría desde hacía varias Navidades ya no se veían y en la distancia él se imaginaba seguramente todo peor de lo que era. Pero pensó que era mejor *estarse quieto* no fuera que metieran la pata y Diego descubriera algo de la trama en la que estaban. Aunque bien visto, lo que estaban haciendo no era tan trama ni tan grave como para temer tanto a que se enterara, pero Luis conociéndole pensó que era mejor que siguiera sin saber nada.

El martes trece, Eduardo y Luis se encontraron como estaba previsto y hablaron largo y tendido del tema. A Eduardo le pareció bien como estaban gestionando de momento el asunto; coincidía con que a Diego, con ese tipo de personalidad, en algunas cosas no se le podía ir muy de cara. Decía que conocía a personas así y que con ellas, para conseguir algo como que Diego quisiera incorporarse a Vendo, la mejor solución pensaba que era engatusarle de alguna forma como se hace con la mejor intención con los niños.

Pero en lo referente al tema de trabajo, eso ya era otra cosa. En su opinión, sus jefes debían ser muy claros y transparentes. Si al final se quedaba verdaderamente a prueba durante seis meses, tenía claro que él debía saberlo. Luis estaba de acuerdo pero se escapaba de su control cómo lo iban a hacer. Esperaba que así fuera.

Tras casi una hora de conversación se despidieron esperando verse en la primera Mesa con Diego. Sería una muy buena señal.

Cuando salía por el pasillo el despacho de Blanca estaba abierto. —Hola Blanca, feliz año.

Ella inmediatamente se levantó y salió a saludarle con dos besos.

—Hombre Luis, igualmente. ¿Qué tal todo?

—Muy bien. Que parece que vais a tener que aguantarme aquí algunos ratos.

—Sí, eso he oído. Me alegro mucho; es una gran decisión. Estoy segura.

—La verdad es que estoy muy animado con el tema. Bueno, te dejo que tendrás mucha faena.

—Seguro que como tú. Que tengas buen año.

—Igualmente. Adiós.

Finadia, viernes, 16 de enero de 2009. 09:50 h.

Cuando Luis salía a hacer dos visitas comerciales que había cerrado para esa mañana, se cruzó por las escaleras con dos de los directores que subían al comité que se iniciaría a las 10:00 h. Se notó enseguida un sudor frío por la espalda. Era como si estuviera viviendo la despedida a alguien querido entrando en quirófano para una operación seria. El cuerpo lo tenía fatal.

Sin embargo, las visitas le fueron bien. Una era una segunda reunión con un cliente con buenas expectativas. Regresó veinte minutos antes de las dos y se sentó en su mesa a trascribir en el Gesfin todas las notas que había recogido en las dos reuniones. Esto era algo que no todos los asesores hacían y Luis tenía claro que aunque le costara hacerlo, como así era, sabía que de detalles de esas notas muchas veces luego venían las ventas.

Cuando llevaba un rato en ello, vio pasar por el fondo a Diego acompañado por su jefe de departamento, los dos con cara de circunstancia. Venían a todas luces del despacho de César. *Ya hay fumata blanca* —pensó.

Y la había. Al momento llegó su jefe de equipo, reunió a los cuatro asesores de su equipo que en ese momento se encontraban en la oficina y en un pequeño círculo y con la voz más bien baja les dijo:

—Esta mañana en el comité se ha decidido que Diego Torralba de Inversiones pasa a nuestro departamento Comercial.

Todos se quedaron boquiabiertos aunque Luis por dentro suspiró profundamente.

—¿Diego? —preguntó Ángel, uno de los asesores más antiguos.

—Sí, Diego —replicó el jefe de equipo—. Estará en el equipo de Juan, tendrá objetivos comerciales como todos, pero también algún cometido en formación técnica. En la reunión del lunes se le dará la bienvenida al departamento y nos detallarán más su cometido. Esto es todo lo que sé.

—No entiendo nada. Pero si ese hombre no vende un caramelo en la puerta de un colegio —añadió Ángel.

—Pues tendrá que venderlo. Ángel, vale ya —le recriminó el jefe de equipo.

—Sí, perdona.

Luis volvió a su mesa. Iba pensando en si ir a hablar o no con él. La noticia ya era pública, así que le pareció que hacerlo le daría más naturalidad a la situación. Se dirigió al departamento de Inversiones donde al llegar asomó la cabeza:

—Hola Diego.

—Ah, hola.

Luis vio en una mesa cercana a otra persona, así que decidió circunvalar el asunto no fuera que le incomodara tocarlo tan de frente.

—¿Comes por aquí? Me he enterado de la noticia y a lo mejor quieres que hablemos.

—Es que tengo el máster y me voy directo a picotear algo por allí como siempre.

—Ah, es verdad. No me acordaba.

Él continuó.

—Tampoco hay mucho que hablar, quiero cambiar de aires y voy a pasar a Comercial. Además hay mucho que enseñar, sobre todo a los nuevos que llegan muy verdes.

Diego otra vez en estado puro —pensó.

—Siendo así, entonces me alegro mucho —le respondió Luis con cierto retintín. El lunes creo que nos vemos ya en la reunión semanal.

—Sí, eso creo.

—Buen máster y buen fin de semana.

—Gracias, igualmente.

Luis se marchó a comer y después volvió a su mesa a completar la tarea administrativa de todos los viernes. Al rato sonó el teléfono.

—Luis, soy César.

—Ah, hola César.

—Ya estás al tanto de lo de Diego, ¿verdad?

—Sí, ya nos lo han contado. Yo, como te imaginarás, de momento he descansado –añadió mientras bajaba la voz.

—Pues ha costado mucho más de lo que esperaba. Durante casi una hora ha estado en la calle. Al final me lo han aceptado pero se revisará el tema en el comité que tenemos siempre en la primera quincena de julio. Así se le ha comunicado. Pero bueno, miremos hacia adelante. Tú activa ya lo del *club de vendedores* del que me hablaste. No creo mucho en ello pero, si lo acepta, me imagino que le vendrá bien; bueno nos vendrá bien —añadió.

A Luis le tentó contarle la versión *triunfadora* que él iba dando sobre la decisión pero prefirió dejarlo como estaba. Que César supiera su bravuconada de versión sólo podía ponerle en la calle antes de lo previsto, si es que no le echaban sobre la marcha antes de estrenar departamento. *Mejor no arriesgar* —pensó.

Miró la hora, comprobó que el máster hubiese empezado de sobra y llamó a Inés.

—¿Inés?

—¿Luis? ¡Cuéntame por favor!

Ella estaba todavía en Marpha muy nerviosa esperando noticias.

—¡Tranquila! Al parecer ha costado pero Diego sigue en Finadia, al menos hasta verano y en Comercial claro, como quería el director.

—¡Uff, menos mal!

Estaba al borde del infarto. Para ella era una buena noticia pero a medias; por un lado se alegraba que siguiera de momento con trabajo, pero lo de ser comercial estaba convencida de que iba a ser un gran quebradero de cabeza.

—¿Él ya lo sabe?

—Sí, se lo han dicho poco antes de irse al máster. Yo he ido a verle y estaba, dentro de todo, tranquilo.

Tampoco quiso contarle cómo él ya tergiversaba la toma de la decisión; eso no ayudaba en nada. *Bastante tiene la pobre de momento* —pensó.

Colgaron y ella se quedó algo más calmada, pero con un sentimiento mezcla de preocupación por cómo Diego se iba a tomar el cambio, y de decepción porque cualquier mujer esperaría ser la primera en conocer una decisión tan importante para el futuro laboral de su marido, como era el caso. Le podía haber llamado al móvil para contárselo pero, al parecer, ella cada vez perdía más puestos en su lista de prioridades. Inmediatamente una lágrima resbaló por su mejilla, buscó un pañuelo de papel y se secó mientras recogía sus cosas para irse a casa. La tensión acumulada durante tanto tiempo le había dejado agotada.

Ese mismo viernes, casi a las once de la noche como era habitual, Diego llegó a su casa tras la sesión del máster. Inés había acostado ya a Lucía y tenía preparado algo de cena en el salón. Iban a ver una película juntos; una de las pocas actividades que todavía compartían.

—¿Qué tal hoy?

Era la pregunta de los viernes desde que él comenzó el máster, pero la de hoy era sin lugar a dudas muy especial. Ella era todo oídos.

—El máster bien aunque cada vez se me hace más cuesta arriba, pero en Finadia hay novedades.

—¿Novedades? ¿Pasa algo?

Inés simuló alterarse y le salió bien.

—Bueno, que he dejado el departamento de Inversiones y he pasado a Comercial.

—¿Y eso?

—Ya el año pasado cuando se reforzó el departamento Comercial llegué a pensarlo y ahora me viene bien un cambio. Al fin y al cabo ya estoy saliendo a visitas con los nuevos, ¿por qué no?

Mintió como de costumbre pero a ella no le sorprendió. Prefirió no darle importancia y quedarse con que no le veía muy afectado.

—*De verse en la calle a estar todavía trabajando es motivo más que suficiente para tomárselo así* —pensó.

El lunes siguiente, como estaba previsto, Diego fue presentado al equipo comercial en la reunión semanal que tenían siempre los lunes a las nueve y media de la mañana. Se dijo que además de realizar su actividad comercial quedaría a disposición del equipo para ayudar a quien lo necesitara en temas de producto. La única condición que se anunció era que los encuentros tendrían que realizarse siempre por la tarde, para dejar las mañanas libres a Diego para que hiciera su labor comercial. Juan, su jefe de equipo y uno de los más veteranos, supervisaría su nuevo cometido.

Terminada la reunión, Luis aprovechó que estaban juntos los dos jefes de equipo, tanto el de Diego como el suyo, y hablaron de Vendo, algo de lo que César ya les había prevenido y les había anunciado que contaban con su autorización, siempre que ellos también lo aprobaran, y así fue.

Después Luis le propuso a Diego tomarse un café sobre las once cuando él saliera a hacer sus visitas. Diego, de momento, se quedaba unos días con su jefe de equipo para ponerle al tanto de las normas y otros aspectos importantes del departamento Comercial. A Luis le urgía hablarle ya de Vendo porque el siguiente jueves día veintidós ya tenían la primera Mesa. Estarían en el Grupo 2, Diego ya estaba inscrito pero aún no lo sabía.

A las once se dirigieron al Noray donde se pidieron dos cafés.

—Bueno Diego ¿qué tal la primera impresión?

Luis jugaba con la baza de que, según él mismo, era él quien había pedido el cambio, así que, aunque sólo fuera por coherencia, tendría que cambiar su destructivo discurso de siempre sobre todo en lo que fuera comercial. Y acertó.

—Bien, parece buena gente. Y el director se ve que controla.

—Sí, tiene ya mucha mili vendiendo... y haciendo vender —añadió.

Y entró de lleno en el tema Vendo para lo que ya había pensado una estrategia.

—Mira, precisamente te quería hablar de algo para lo que a mí el director y jefe de equipo ya me han autorizado y que a lo mejor podemos conseguir también para ti. Se trata de...

Durante un buen rato Luis le fue exponiendo el tema, como buen vendedor, enfocándose en los beneficios que Diego seguro compraría; una situación de privilegio con respecto al equipo, permisos para llegar tarde algunos días o para acudir a algunas reuniones por la tarde, precio muy reducido y sin ningún tipo de compromiso de permanencia, etc. Y dejó para el final el beneficio que mejor debería comprar que era hablarle de Eduardo, su admirado profesor del máster, al que presentó, lógicamente, considerando que él no le conocía de nada. Y funcionó. Diego le aclaró que sí le conocía de ESIC y que él dirigiera Vendo fue lo que más le convenció. Luis cerró el asunto como un maestro diciéndole que ahora quedaba convencer a su jefe de equipo y al director comercial, que sería difícil, pero que de eso se encargaba él. Así que Diego había *comprado* Vendo. Escollo superado.

Ese mismo lunes al acabar la jornada, Luis le confirmó que, por parte de la dirección de Finadia, tenía luz verde para inscribirse y ya quedaron para ir juntos a la primera

Mesa ese mismo jueves. En cuanto se separaron llamó brevemente a Inés para anunciarle la buena noticia. Ella se lo agradeció infinitamente.

Luis se marchó feliz a su casa pensando que podía ser que nada funcionara y que Diego en verano se marchara –mejor dicho le echaran–, pero al menos vio como positivo que las circunstancias le habían juntado de nuevo con su gran amigo del pasado y eso quería disfrutarlo. Además, Diego y su familia le necesitaban ahora más que nunca y él estaba dispuesto a hacer todo lo que pudiera por ellos.

Cuando Diego llegó a casa, ella le preguntó por su aterrizaje en Comercial, él le respondió con un aséptico *bien* sin entrar en detalles y de Vendo tampoco le habló nada. Otra decepción más para ella. La enésima.

MENSAJES CLAVE

37. Desconecta durante tus vacaciones; son tuyas y de los tuyos. Os las merecéis.

38. Al regreso, eso sí, coge pronto el ritmo de actividad comercial. Cuesta, pero es necesario.

39. Gánate la confianza y el aprecio de las personas que asisten a tus clientes. Allanarán tu camino hacia la venta.

40. Al término de cualquier entrevista comercial, aunque te cueste, dedica un tiempo a procesar y registrar toda la información recogida. En esas notas están tus futuras ventas.

41. Tergiversar la realidad y, peor aún, mentir rompen automáticamente la confianza con el cliente. No lo hagas.

42. Los vendedores manejamos mucha información. Ante la duda opta por la prudencia y la discreción. Recuerda que somos esclavos de nuestras palabras.

43. Vender exige relacionarse con personas. Entiéndelo como un regalo y disfruta con ello. Algunos clientes terminarán siendo buenos amigos.

44. Estamos en permanente cambio. Tómalo como una oportunidad y no la dejes pasar.

Capítulo 7

Mesa 1: La Clave de la Venta

Para vender, además de hacer las cosas bien,
hay que sentirse bien,
útil y realizado cuando éstas se hacen.
Gustavo Bentos Pereira

Luis y Diego empiezan a asistir en Vendo a unas reuniones en las que entrarán en el corazón de la venta. Para Luis es una gran oportunidad, para Diego sólo una excusa para huir de su empresa. Vendo, parece que no va con él...

Vendo, jueves 22 de enero de 2009. 08:10 h.

—Hola Luis, pasad por favor.

—Mira Silvia, te presento a Diego, compañero de Finadia y buen amigo desde hace tiempo.

—Encantada.

—Igualmente —replicó él.

Silvia y Diego protagonizaron ese incómodo momento que se vive a veces entre un hombre y una mujer cuando al ser presentados dudan entre dar la mano o un beso. Al final la naturalidad e iniciativa de Silvia les llevó al beso que parecía que encajaba mejor en esa situación.

—Entrad, sois los primeros. Eduardo llegará en seguida.

Efectivamente, en ese momento se levantó la barrera y entró el Suzuki Vitara adaptado que él conducía.

—Ahí está. Pero si queréis os vais poniendo un café.

—Vale. Así le voy contando a Diego —dijo Luis.

Al rato se incorporó Eduardo. Se saludaron por primera vez, Luis esperaba que él le comentara que le conocía del máster –asunto que Eduardo ya sabía– pero no le dijo nada. Se veía que el *amargo* tránsito laboral que estaba viviendo le estaba cambiado su carácter agrio y combativo –pero al menos participativo– por otro quizá igual de agrio pero más silencioso. Desde el mismo viernes en que le notificaron el traslado de departamento, Luis le notaba mucho más callado. Pero lo comprendía.

Poco a poco fueron llegando los demás y a las ocho y media Eduardo inauguraba la primera Mesa para ese Grupo 2. Tras una calurosa y emotiva bienvenida, lo primero que hizo fue pedirles que se presentaran; sólo tres personas de las nueve que estaban se conocían de antes. El grupo lo formaban Sonia y Álvaro, vendedores de un concesionario de coches; Lorenzo, comercial de un fabricante de azulejos; Antonio, director de su propia agencia de marketing y publicidad; Javier y Pablo, visitadores médicos de una farmacéutica; y Eloísa, propietaria de una empresa de regalos promocionales que, con Luis y Diego, hacían un total de nueve personas. Antonio, Javier y Pablo eran las personas que se conocían, ya que se habían incorporado a las Mesas a finales del año anterior. La media de edad del grupo estaba entorno a los treinta y cinco años. Antonio y Eloísa, ya más veteranos, estaban más cerca de los cincuenta.

A continuación Eduardo recordó en términos generales el funcionamiento del centro y más concretamente el de las Mesas y las tutorías; se hacía un ciclo de siete Mesas antes de verano y otro de cinco después; doce en total. En ellos se irían tocando distintos aspectos considerados clave en la venta. Las tutorías de recuperación o refuerzo de una hora de duración se hacían con él por las tardes con previa reserva de hora en secretaría.

Finalmente, Eduardo anunció que en seguida entrarían en el tema de la Mesa pero les pidió que antes respondieran a una pregunta:

—La venta, ¿es más cuestión de arte o de ciencia? ¿Qué opináis?

Se quedaron todos pensando unos segundos cuando él añadió:

—Bueno, quizá tengamos que convenir antes que algo es una ciencia cuando en ello siempre se cumple que dos más dos son cuatro, y algo diríamos que es arte cuando a veces dos más dos son cuatro, pero otras veces son tres y otras cinco. Si convenimos esto, ¿qué diríamos? ¿Vender es arte o ciencia?

—Para mí tiene más de arte —opinó Álvaro.

—Sí, una mezcla de las dos —añadió Lorenzo.

Y así fueron opinando todos y coincidiendo mucho en lo planteado por Álvaro y Lorenzo. Diego en su turno respondió con un sucinto *yo opino igual.*

Eduardo retomó la palabra.

—Sí, yo creo que coincidimos todos en que la venta tiene mucho de arte y algo también de ciencia. Si no tuviera su parte de ciencia y valiera todo según el arte de cada uno, a lo mejor –o mejor dicho a lo peor– sobraban los entrenamientos en venta. Claro que en la venta hay ciencia. Los comportamientos humanos y aspectos como los motivos de compra o la influencia del lenguaje corporal en la comunicación, por poner unos ejemplos, están muy estudiados y hay que conocerlos para vender bien. Pero, generalmente, la mayoría le damos un peso mayor al arte, no sé si un sesenta por un cuarenta de ciencia. O incluso un setenta treinta. Igual da.

Todos asentían con su planteamiento y él continuó con su enfoque.

—A lo que quiero llegar es a que entendamos que en estas Mesas y reuniones vamos a tocar temas de relaciones interpersonales que no son una ciencia exacta. Si lo que tratáramos fuera, por ejemplo, contenidos como la contabilidad o el manejo del Excel, por decir algo, aquí habría un maestro, el experto que enseña, y unos alumnos que aprenden. Y éste no es el caso. En todo lo que tratemos tenemos que convenir y aceptar que nadie, ni siquiera Vendo o yo, vamos a tener la verdad absoluta. Habrá diferentes puntos de vista y seguramente todos serán válidos. Así que a partir de ahora os animo a no callaros nada de lo que se os pase por la cabeza. Aquí nadie va a *meter la pata* con lo que diga. Podremos no estar de acuerdo con lo que diga alguien pero lo debatiremos y así sacaremos más y mejores conclusiones de cada tema. ¿Os parece?

Todos aceptaron la regla. Sonaba bien.

Y sin más y con una pregunta –como hacía siempre–, Eduardo abrió la primera Mesa que llevaba por título *La Clave de la Venta*.

—¿Cuál es para ti la clave de la venta? Por favor, apuntadlo en una hoja y ahora lo ponemos todo en común.

Pasados unos minutos, Eduardo, con la tablet preparada para ir proyectando sus notas manuscritas, animó a que alguien iniciara la participación con su opinión.

—Empiezo yo —dijo Antonio. —Para mí la clave está en entender, captar bien las necesidades del cliente, incluso aunque no te las diga.

—Ok. Queda claro. Hablas del concepto de necesidades explícitas e implícitas. ¿Todos lo conocemos?

—Creo que me lo imagino, pero si lo aclaras mejor —comentó Pablo.

—Antonio, ¿te animas a aclararlo?

—Bueno, las explícitas son las que el cliente conoce y te cuenta y las implícitas las que tiene pero no siempre es consciente de tenerlas y el vendedor le ayuda a descubrirlas. Las hace explícitas y entonces es cuando se pueden satisfacer.

—Perfecto, Antonio. Es un buen resumen. Muchas gracias.

Él continuó proponiendo algo que garantizara la participación de todos.

—Si os parece, vamos a seguir la ronda de opiniones hacia la derecha. ¿Javier?

—Para mí la clave está en la escucha.

—Muy importante, claro que sí —matizó Eduardo —¿Eloísa?

—La autoconfianza.

—Ah, qué interesante —contestó Eduardo mientras seguía anotando las opiniones.

Así intervinieron todos; Luis situó su clave en la perseverancia del comercial y Diego, barriendo para casa, se abonó a la idea de conocer bien el producto. Al final en la pantalla figuraban las siguientes opiniones:

- Analizar y entender las necesidades del cliente
- Escucha
- Autoconfianza
- Conocer bien el producto
- Vendedor perseverante
- La empatía
- Generar confianza

Eduardo alargó el debate.

—¿Creéis de verdad que vuestra idea es más importante en la venta que la que han dicho los demás?

—No, quizá la venta esté en la suma de todas esas claves. Y más que no están, claro —intervino Antonio.

—Efectivamente. La pregunta algo de trampa tenía y es que yo preguntaba cual es, para ti, la clave de la venta, así que si para ti lo es, has acertado. Pero distinto sería preguntar cuál es, en términos absolutos, la clave más importante en la venta y esa respuesta es más difícil. Pero yo me voy a mojar y os diré lo que opino y que compartimos en Vendo.

Más de uno cogió el bolígrafo. La respuesta prometía.

—Mis años de experiencia comercial, primero como Vendedor de seguros –qué palabra la de *Vendedor,* tan bonita como maltratada; por eso siempre la escribo con mayúscula–, después como jefe de equipo comercial y, finalmente, como director comercial en dos empresas de otros sectores, junto con los muchos años que ahora llevo dedicándome al entrenamiento comercial; me llevan a responder, y ya me *mojo*, que *La Clave de la Venta* es una cuestión de *Actitud* y de *Hábitos*, y además en este orden. Y me explico.

Continuó con su exposición mientras la atención por parte del grupo era total.

—¿A qué me refiero con *Actitud*? Pues sobre todo a creer en lo que se hace, y eso incluye, para empezar, sentirse vendedor y estar orgulloso de serlo; incluye creer en tu empresa, con sus alegrías y sus miserias *–en todas partes cuecen habas–*; incluye creer en tu cartera de productos y servicios, aunque sepas que no son los mejores del mundo –¿qué empresa los tiene?–; incluye creer en que cuando contactas con un cliente no sólo no estás molestando sino que le estás ofreciendo una gran oportunidad, tanto si vendes yates de lujo como si vendes tornillos para madera; y, en definitiva, incluye estar entusiasmado vendiendo porque ya se sabe que es el entusiasmo lo que vende por encima de todo.

Eduardo añadió mirando a Eloísa.

—Por eso, siendo muy importantes todos los aspectos que habéis aportado, yo en la clave de la venta pondría en primer lugar la opinión de Eloísa; la autoconfianza en uno mismo, después la confianza en tu empresa, en tus productos y, en definitiva, todo lo que está en el entorno del concepto de actitud. Y debe ser lo primero. Si no te ves como vendedor, si no te gusta tu empresa, si no tienes claro que tus productos y servicios ayudan a los clientes, mejor estate *quietecito* y no vayas a ver clientes —algunos se arrancaron con una risa—; es decir, que por mucho que conozcas los productos, que tengas una gran capacidad de análisis de necesidades, que sepas empatizar —decía mientras señalaba esos conceptos en la tablet—, si no crees en lo que haces, nunca vas a vender nada. Seguro.

Eduardo continuó con tal convencimiento en lo que decía que todos parecían abducidos.

—En la segunda Mesa ahondaremos en la figura del vendedor, pero dejad que os diga algo: sólo con pensar que con el tremendo paro que tenemos ahora, más de tres millones de personas darían lo que fuera por ocupar nuestra silla de vendedor, ya es suficiente motivo para que cambiemos nuestro comportamiento de queja y lamento, si es que lo tenemos, y salgamos a la calle con nuestra mejor sonrisa y con la cabeza bien alta a comernos el mercado. Esto para mí es *Actitud* y esta es la primera clave que estoy convencido que hace vender, a veces incluso cuando no lo pretendemos.

—¿Os convence?

Lorenzo intervino.

—Sí, mi hermano que es arquitecto lleva ya casi un año sin ningún proyecto y esto que acabas de decir es así. Cuando me quejo en algo de mi trabajo siempre me dice esto mismo: *da las gracias de tener trabajo.*

—Gracias Lorenzo. Buen testimonio.

Eduardo continuó.

—Y después viene lo de los *Hábitos*. ¿Por qué hablo de Hábitos? Os cuento. Parto de la definición de la Real Academia Española de la Lengua —en ese momento sacó un papel de su carpeta y lo leyó—: *Modo especial de proceder o conducirse adquirido por repetición de actos iguales o semejantes, u originado por tendencias instintivas.* Esto, yo lo llevo a *La Clave de la Venta,* afirmando que para triunfar vendiendo no vale trabajar a impulsos, sino que hay que entrar en una dinámica de actividad comercial a velocidad de crucero que hay que mantener independientemente de los resultados obtenidos y realizar con el adecuado equilibrio de las tres variables que marca el contrastado modelo 3D de la productividad comercial; cantidad, calidad y orientación de la actividad –la prospección– que ya veremos en su momento.

—¿A alguien le suena este modelo de productividad comercial?

—No, ni idea –respondió Luis.

—Bueno, como os digo ya lo veremos.

Y continuó.

—He mencionado el concepto de *actividad comercial* y no tengo más remedio que dedicarle al tema algún comentario más porque, para mí, aquí está gran parte de *La Clave de la Venta*. Yo tuve un jefe comercial en mi época de seguros, al que le estaré eternamente agradecido, que me enseñó a salir a vender a la calle sustituyendo en mi cabeza mi objetivo anual de trece millones de las antiguas pesetas que, por cierto, alcanzarlo era algo que recuerdo que me quitaba el sueño, por objetivos a corto plazo de actividad comercial; buscar contactos, llamar y visitar. Y descubrí que era mucho más fácil un dieciséis de mayo, miércoles, por poner un ejemplo, mandar quince faxes –escuela de entonces–, hacer treinta y cinco llamadas y realizar seis visitas, que alcanzar los trece millones en primas ese mismo día, que era casi lo que yo pretendía. Craso error. Y lo que es mejor, descubrí con el tiempo que con este hábito de trabajo y manejando bien mis ratios de eficacia, que hilaban mi objetivo anual con la actividad comercial necesaria para alcanzarlo, llegaban las ventas. ¿Qué os parece?

Pablo, tomó la palabra.

—Es curioso porque siempre me ha sentado mal, sobre todo cuando entré en el laboratorio, que mis jefes comerciales me pidieran un número de visitas o de llamadas que al final terminaba haciendo aunque fuera con calzador. Eso me generaba mucho estrés.

—Sí, el motivo de pedirlas realmente es para ayudarte en la venta, lo que pasa es que si no se explica bien el vendedor se lo toma como tú dices. El no explicar el porqué de las cosas, sobre todo cuando se empieza en algo, genera un lógico rechazo.

—Sí, pero es verdad que ahora me convence. ¿Lo trataremos esto a fondo? —preguntó Pablo muy interesado.

—Te respondo Pablo, pero os lo aclaro a todos. Esto en concreto no lo desarrollaremos más. Las Mesas que organizamos, que como sabéis son sólo de poco más de una hora, no son un curso o entrenamiento de ventas. Milagros no hay. Por eso el que quiera profundizar en algo debe hacerlo por su cuenta o bien acudir a las tutorías. Para eso están. En Vendo no podemos ni queremos sustituir a los departamentos de formación de vuestras empresas. Esto, en lo que a formación se refiere, tiene que ser sólo un refuerzo en vuestra preparación comercial. Creo que se entiende.

Todos asintieron.

Eduardo completó su exposición sobre la clave de la venta.

—Mirad, algo que he observado siempre y que me preocupa –por cierto, hoy también ha ocurrido– es que los participantes de las Mesas de Vendo, pero en general de cualquier curso de ventas, a través de las respuestas situáis en un 90% *La Clave de la Venta* sólo en el momento en el que el cliente está delante –*Analizar sus necesidades, Escuchar, Ofrecerles un buen producto o servicio, Empatizar, etc.*–, cuando resulta que hoy en día, y más en estos años que estamos entrando en una crisis que se antoja brutal, es tan difícil conseguir la entrevista como conseguir el cierre en la misma.

» Por eso, hoy para vender yo le doy mucha importancia a la prospección previa, a la forma de contactar y, como no, al seguimiento comercial y, por eso, también las empresas que nos dedicamos a entrenar comerciales hemos tenido que redirigir el foco de nuestros entrenamientos más hacia estas fases previas y posteriores a la entrevista. En esta *casa* llevamos ya un tiempo en ello.

Eduardo concluyó.

—Resumiendo, mi segunda clave para vender está en poner el foco con absoluta determinación en la actividad comercial en vez de ponerlo en la pesada losa del objetivo anual, y adquirir el hábito de poner en marcha cada mañana esta actividad comercial. Es sencillo, se trata de entrar en una dinámica racional de: buscar contactos, llamar y visitar... buscar contactos, llamar y visitar... buscar contactos, llamar y visitar... ¿sigo?... creo que no hace falta. Así que os animo, a modo de respuesta de cual es *La Clave de la Venta*, a que sigáis estos dos consejos; que modeléis como sea una adecuada actitud hacia la Venta hasta que disfrutéis vendiendo y que adquiráis los hábitos necesarios para no dejar ni un solo día de realizar actividad comercial como un hábito adquirido. Así estoy seguro de que llegaran vuestras ventas lo que, sin duda, da sentido a nuestro trabajo.

—*Que disfrutéis vendiendo...* pues lo tengo claro —pensó Diego.

Según terminó Eduardo, Álvaro levantó la mano.

—Adelante Álvaro.

—Me ha parecido oírte algo así como *ratio* creo recordar que de *eficacia*, ¿es así?

—Sí, así es. Está relacionado con lo que preguntó Pablo. Es algo que necesita cierto tiempo para verlo y que desarrollaremos en su momento. Ahora sólo adelanto que se trata de la cantidad de actividad comercial que un vendedor necesita hacer para conseguir sus resultados. Evidentemente se trata de un ratio que con la experiencia todo vendedor va mejorando. Pero por ahora quedaros con el consejo de no salir a vender con el objetivo anual en la mente, sino con las llamadas o visitas que en ese día entiendas que debes hacer. Y hay que hacerlas, claro. Así con el tiempo seguro que llegarán los resultados.

Para dar por finalizada la Mesa, que por ser la primera se había alargado algo, Eduardo les entregó un documento para completar antes de irse. Se trataba del PMP, Plan de Mejora Personal, en el que cada uno tenía que apuntar dos ideas que se comprometía a poner en práctica hasta la siguiente Mesa en la que se revisarían los resultados.

Según se despedían, Luis le comentó a Diego que se iba a apuntar a una primera tutoría.

—Me parece que es bueno como punto de partida para que Eduardo nos vaya conociendo mejor —le argumentó.

—Yo paso *tío* —le contestó él.

Una vez que se despidieron de todos –se hacía algo tarde– pararon un momento en secretaría para que Luis reservara hora.

—Hola Alfonso, muy buenas.

—Hola, me alegra verte.

—Mira, es Diego, compañero y amigo.

—Encantado.

—Igualmente.

—Alfonso, ¿me das hora para tutoría?

—Claro, a ver... ¿te va bien el martes que viene a las cuatro de la tarde?

—A ver. Perfecto.

—Te llegará una invitación de Vendo por Outlook.

—Qué buena idea. Gracias.

—¿Sabes que es sin coste?

—No, es la primera noticia.

—¿No lo ha avisado Eduardo?

—Que yo sepa no. ¿Tú has oído algo de esto, Diego?

—Tampoco.

—Se le ha debido pasar. Es algo nuevo de este año. Ahora la primera tutoría no se le cobra a nadie —puntualizó Alfonso.

—Qué bien, que haya más noticias como ésta.

—¿Te reservo a ti también Diego?

—No, de momento no. No tengo clara mi agenda. Gracias.

A él de momento Vendo no le inspiraba nada. Ahí sólo buscaba cierta libertad con respecto a Finadia. Las Mesas en grupo las soportaría pero sentarse a comparecer frente a Eduardo era algo que ni se le pasaba por la cabeza.

MENSAJES CLAVE

45. En la venta también hay ciencia. No vale todo.

46. Hay necesidades implícitas que el mismo cliente desconoce. Ayúdale a descubrirlas.

47. La Clave en la Venta es una cuestión de Actitud y Hábitos.

48. La actitud empieza por sentirte vendedor, que creas en tu empresa y tus productos y te convenzas de que no molestas sino que ayudas al cliente.

49. Tu entusiasmo es lo que vende por encima de todo.

50. Cuando no te veas con la actitud adecuada, mejor no contactes con los clientes. Es una pérdida de tiempo.

51. Si lo tienes, cambia tu comportamiento de queja y lamento por una sonrisa y una cabeza bien alta. Lo agradecerás.

52. No trabajes a impulsos. Adquiere el hábito de realizar tu actividad comercial a diario. Ya llegarán los resultados.

53. Analiza y descubre cuál es tu ratio de eficacia; la cantidad de actividad comercial que necesitas realizar para alcanzar tus objetivos. Es fundamental para poder dosificarte.

54. Hoy cuesta tanto conseguir la entrevista de venta como el cierre en la misma. Prepárate también para la prospección previa y el seguimiento posterior.

Capítulo 8

Mesa 2: Soy Vendedor

La habilidad que uno debe desarrollar para tener éxito en los negocios y en la vida, es la habilidad de vender.
Robert Kiyosaki

Mientras Diego le sigue dando la espalda a la labor comercial, los testimonios de cambio de sus compañeros de Mesa, junto a un nuevo y contundente enfoque sobre la figura del vendedor, al menos le harán reflexionar...

Finadia, miércoles 4 de febrero de 2009. 11:40 h.

—Diego, ¿no habíamos quedado con el cliente a las doce? —le preguntó Juan, su jefe de equipo, que iba a acompañarle a una visita comercial.

—Sí, ¿qué pasa? —preguntó él mientras cerraba la web de finanzas.com en la que estaba leyendo las últimas noticias del sector.

—Pues que quedan veinte minutos y no estaremos en Tres Cantos a las doce.

—Vale, vale. Vámonos.

—Anda, llama al cliente y avísale que llegamos algo tarde. Dile lo que se te ocurra.

El tono de Juan delataba su desesperación con Diego. Él, encima molesto con la situación que él mismo había creado, llamó al cliente, un importante directivo de una empresa tecnológica, pero no le localizó y dejó el recado a la recepcionista que se comprometió a avisarle si daba con él.

Ya en el coche, Juan todavía con cara y tono de pocos amigos, le recordó que es el asesor el que tiene que estar al tanto de la coordinación de las visitas y no el jefe de equipo que le acompaña. Le recordó, aunque no era necesario, que el cliente era del asesor y no del jefe de equipo.

—Refréscame, Diego, los antecedentes de esta visita.

—Es un directivo de una empresa que ya fue cliente de Finadia hace años, pero que poco a poco se fue desvinculando —respondió mientras conducía.

—Ya. ¿ Y qué empresa es?

—Tecno... algo. La dirección sí la sé.

—Y él, ¿qué puesto ocupa?

—Es el director de... algo, ahora no me acuerdo, pero lo tengo escrito por ahí.

—¿Y qué resumen financiero tenemos de él?

—Lo llevo todo en la ficha de cliente. Ahora al llegar lo vemos en un momento.

Juan tenía ganas de decirle que diera la vuelta con el coche para volver a la oficina, pero pensó en el cliente y se mordió la lengua. Tampoco quería ahora decirle todo lo que el cuerpo le pedía. Lo importante era llegar lo antes posible y en las mejores condiciones anímicas.

Finalmente, tras revisar de forma algo apresurada todos los datos y antecedentes de la visita, se sentaban con el cliente casi quince minutos tarde y, a todas luces, el retraso no le gustó nada. Argumentaron que se había alargado una reunión anterior pero al cliente no pareció convencerle mucho y la reunión transcurrió mal, como no podía ser de otra forma. Por educación les dijo que se miraría todo lo que le habían contado pero no pidió ningún estudio financiero concreto, señal de que no se sintonizó nada con él.

Al salir, Juan en un tono muy serio le hizo ver lo importante que es dar una buen impresión inicial y no la que acababan de dar. Aunque debería sobrar, le recordó que en la gestión comercial hay que contar con colchones de tiempo para los complicados desplazamientos en una ciudad como Madrid, y que toda reunión hay que prepararla antes de salir y llevar los datos clave memorizados en la cabeza. Diego, en vez de asumir su responsabilidad, cargó contra el cliente tachándolo de prepotente. Juan desesperado terminó diciéndole, como se le diría a un joven recién incorporado, que las cosas se hacían así le gustara o no. Y con ese mal cuerpo regresaron a Finadia.

Vendo, jueves 12 de febrero de 2009. 08:30 h.

Tras ponerse el café de rigor, el Grupo 2 se disponía a celebrar la segunda Mesa del año que llevaba el contundente título de *Soy Vendedor*.

Eduardo, como estaba previsto, abrió la ronda de testimonios de experiencias según lo de la Mesa anterior. Pablo en esta ocasión tomó la iniciativa de empezar:

—Yo enfoqué mi Plan de Mejora en el apartado de hábitos. Quizá suene a demasiada suficiencia pero creo que tengo una buena actitud hacia la venta. Tengo la suerte de vender lo que estudié –Farmacia– así que, de verdad, creo que mi mejora necesita estar más en hábitos, que los tengo pero no con el enfoque que nos diste en la última reunión.

—Y ¿cómo lo has trabajado? —le preguntó.

—Os cuento. Yo me identifiqué mucho con lo que hablaste sobre el gran peso que supone salir a vender con el objetivo en la cabeza. En mi empresa consensuamos con el jefe de equipo los objetivos mensuales a final del mes anterior, y el cumplirlos, aunque sean mensuales, es algo que me desespera bastante. Entonces he hecho el esfuerzo de enfocarme mejor en la actividad comercial diaria –llamadas, visitas y correos–, y cuando la completo, algo que ya me va ocurriendo cada vez más, al menos siento que me encuentro bien; noto como que empiezo a tener yo el control de mi trabajo y que los objetivos no me ahogan tanto.

—Perfecto, esa era la idea. Muy interesante.

—Eloísa, ¿sigues tú?

—Yo, al contrario que Pablo, enfoqué el Plan de Mejora más hacia la actitud. Esta crisis en la que parece que cada vez nos metemos más a fondo hace que mi negocio, los regalos promocionales, pasen a un segundo plano y el tema me empieza a desanimar bastante.

—¿Y qué has hecho? —le preguntó Eduardo.

—No sé si es importante pero lo de creer en la empresa de uno mismo me caló mucho, así que cogí el toro por los cuernos y me reuní con mis otras dos socias –somos sólo nueve en la empresa y todo mujeres– para analizar la situación y cómo superarla. La verdad es que debí salir de la Mesa muy reforzada con lo que tratamos, porque creo que las he vuelto a involucrar al cien por cien en el negocio y, de momento, ya hemos cerrado un importante pedido de regalos para una convención. Es una empresa de temas de medio ambiente. Así que hoy vengo contenta.

De forma espontánea todos le dieron un caluroso aplauso por el éxito conseguido.

Y continuó la ronda. Álvaro contó que estaban pasando un momento fatal con las ventas de coches, concretamente contó cómo se le habían escapado dos ventas prácticamente cerradas que le habían afectado bastante; pero, dicho eso, también aclaró que estaba trabajando más que nunca el tema de la actitud.

—Ahora es cuando más necesito todo lo que vemos aquí en las Mesas, así que quiero que sepáis que todos sois mi inspiración cuando me vienen las cosas mal dadas —añadió Álvaro.

También todos aplaudieron sus palabras en señal de agradecimiento.

Diego, en su turno, estuvo algo más extenso que en la Mesa anterior pero se notó bastante como contó algo de *relleno* relativo a hábitos –lo de la actitud no iba con él– así que no convenció mucho al grupo.

Y llegó la pregunta de Eduardo para dar entrada al tema central de la segunda Mesa:

—¿Cómo suena la palabra vendedor?

—A mí a charlatán —respondió Antonio.

—Sí, a mí a vendedor de libros a domicilio —añadió Javier.

Y así continuaron casi todos coincidiendo en que la imagen que tenían no era buena. Sólo Eloísa dio un enfoque algo positivo, diciendo que en los tiempos que corrían lo asociaba a la palabra *héroe*.

Cuando completaron sus comentarios Eduardo *atacó*:

—O sea, que tenéis verdaderamente una imagen muy pobre de vosotros mismos. Porque, pregunto: ¿vosotros que sois?

—Pues vendedores —reconoció Luis, asumiendo que habían caído en su trampa.

—Os voy a decir algo y os aseguro que lo digo desde una profunda convicción. Yo soy vendedor... y también soy fundador de Vendo y consultor y entrenador comercial y profesor de máster y quizá otros cargos que suenan todos muy bien, pero por encima de todos ellos, de verdad que me siento *Vendedor* —mientras hablaba escribía la palabra en su tablet haciendo que ocupara toda la pantalla—. Y ahora lo escribo conscientemente con mayúscula aunque sé que gramaticalmente no es correcto, porque siempre he reivindicado la figura y los beneficios que tiene ser vendedor y a esto precisamente vamos a dedicar esta segunda Mesa.

—¿Qué os parece?

—Muy necesario —apuntilló Antonio.

—Sí, en estos tiempos que corren necesitamos mucho reforzar esta idea —completó Eloísa.

—Ojalá os convenza, y juntos pongamos nuestro grano de arena para poco a poco ir cambiando la mala imagen que habitualmente nos viene a la cabeza al oír la palabra *vendedor*, para mí tan bonita como maltratada.

Eduardo, desde una postura que trasmitía gran determinación, continuó:

—Quiero hacer esta defensa de la figura del vendedor desde un doble enfoque; uno que definiría como de *tranquilidad/seguridad*, que me convence mucho; y otro apoyado en una profunda convicción personal que, aunque sea redundante, me convence aún más. Voy a ello.

uilidad/seguridad del vendedor.

que hoy en día vende todo el mun-
clientes pero también los necesita
el ingeniero, así como el médico
ódico, lectores; y el colegio, alum-

contar una experiencia personal
bien esta realidad. Asistí a finales
nportante escuela de negocios, a
ster de Dirección de Centros Edu-
conferencia, así como el poste-
asi por completo a analizar cómo
ros. Y es que nos creemos que los colegios privados abren las puertas y se llenan solos cuando en realidad es que cuando unos padres llaman para pedir información al centro, lo que se activa internamente es un proceso de venta en toda regla, el mismo que cuando esos padres entran en un concesionario para informarse sobre un coche o entran en una agencia de viajes interesados en un crucero. Exactamente igual. Así que directores de colegio y profesores... a vender toca. ¡Como está mandado!

La mayoría se arrancaron con una sonrisa mientras Eduardo continuaba.

—Así que si aceptamos esta realidad de que hoy en todos sitios o *vendemos o cerramos*, en mi opinión realizar hoy en día labor comercial, hacerlo bien, y que encima te guste, supone abrirse oportunidades de futuro que en otras profesiones no se abren. Yo no digo que ser vendedor garantice trabajo, porque desgraciadamente hoy día hay muchos vendedores en el paro, pero sí afirmo que en las empresas cada vez hay menos sitio para aquellos profesionales que no generen negocio. Mi tranquilidad de futuro y la de mi familia siempre ha descansado mucho más en que siempre he realizado labor comercial y además me ha gustado, que en el mayor o menor dominio que tenía en la impartición de mis entrenamientos, entre otras cosas porque primero había que venderlos. Ser vendedor o redirigirse hacia serlo me parece hoy en día una decisión, en términos prácticos, necesaria e inteligente.

Luis miró de reojo a Diego para ver su reacción, ya que el tema para él era todo un torpedo en la línea de flotación, y observó que seguía el planteamiento de Eduardo con mucho interés, casi sin pestañear.

Lorenzo levantó la mano e intervino.

—Creo que debo ser un bicho raro porque yo disfruto mucho vendiendo. De verdad lo digo. Y son azulejos lo que vendo, pero me llena mucho hacer que las casas sean más cálidas y confortables; sobre todo cuando vienen parejas... las veo tan ilusionadas que casi disfrutamos lo tres.

Inmediatamente todos soltaron una carcajada, mientras Lorenzo sorprendido no caía en la cuenta de lo que había dicho. En pocos segundos se dio cuenta y se sumó a las risas de todos.

—Lorenzo, enhorabuena porque esa actitud es la mejor garantía para que lleguen tus ventas. Seguro —sentenció Eduardo quien a continuación retomó la palabra.

—Y paso a mi segundo enfoque en esta defensa del vendedor, que baso en algo en lo que, como ya he comentado, creo firmemente.

»Lo hago con otra pregunta, ¿qué imagen nos viene a todos a la mente cuando mencionamos profesiones como *notario o cirujano*?

–Para mí muy buena, la verdad –dijo Sonia, la menos participativa del grupo junto con Diego.

—Sí, a mí me viene la imagen de un gran profesional —añadió Lorenzo.

Eduardo retomó la palabra.

—Claro, es lógico porque seguramente la mayoría de los notarios y los cirujanos lo son. Pero la nueva pregunta es ¿y por qué no ocurre lo mismo al mencionar la profesión de *vendedor*?

A pesar de que todos estaban absolutamente atentos al tema, nadie contestó.

Eduardo les echó un cable.

—Yo sé a qué se debe, sobre todo, a que durante muchos años de bonanza, con una gran demanda de productos y servicios, en algunos sectores valía cualquiera para vender y eso no ayudó mucho a profesionalizar la función comercial. Pero creo que eso ya pasó a la historia y es hora de verlo ya con otra perspectiva. Doy la mía.

Entonces hizo una breve pausa para acercar su silla algo más a la mesa y prepararse para utilizar la tablet.

—Resulta que si analizamos bien cuál es el trabajo de un buen vendedor descubrimos que debe ser un poco *psicólogo*, para entender bien a cada uno de los muchos y distintos clientes que tenemos; un poco *médico*, para realizar una buena exploración y dar un diagnóstico acertado que es lo mismo que detectar las necesidades del cliente y dar con su verdadero motivo de compra –Eduardo iba haciendo una lista en la tablet de las profesiones que iba enumerando–; un poco *actor*, para atreverse a salir a cualquier escenario y actuar sin miedo ante su público, los clientes; un poco *director espiritual*, porque muchas veces el cliente nos cuenta su vida y sus milagros y por ahí pasa la venta; un poco *creativo*, porque o te reinventas o no tienes sitio en la venta; un poco *atleta*, para aguantar muchas jornadas de mucha actividad pateando la calle y viajando sin parar hasta la extenuación; un poco –o un mucho– *comunicador*, porque la venta por encima de todo son relaciones interpersonales que exigen una buena comunicación; un poco *policía*, porque cuando surge una incidencia hay que investigar qué ha ocurrido para resolverla bien y no perder a ese cliente que tanto ha costado conseguir; y hasta un poco *embajador* –con lo bien que suena–, ya que siempre estás representando a tu empresa.

»Y seguro que podríamos encontrar algún otro poco de más profesiones como las mencionadas anteriormente y que estaremos de acuerdo con que son muy dignas. Así que cuando hablamos de un buen vendedor nos encontramos con una especie de *Superman* o *Superwoman todoterreno* que necesita una multi-profesionalidad que, honestamente, creo no necesitan las otras *grandes* profesiones mencionadas. Así que, a pesar de la mala imagen que desgraciadamente aún arrastra el vendedor, pienso y siempre he pensado desde que entré en este apasionante mundo de la venta, que un buen vendedor es, sin duda, un gran profesional y además, como veis, muy completo. De verdad creo que el ser un buen vendedor no está al alcance de cualquiera.

Al terminar, en la pantalla aparecía la siguiente imagen:

- Psicólogo
- Médico
- Actor
- Director espiritual
- Creativo
- Atleta
- Comunicador
- Policía
- Embajador

} VENDEDOR

—¿Qué os parece? —preguntó Eduardo.

—Que nunca me lo había planteado con este enfoque y tienes toda la razón —respondió Antonio.

Javier levantó la mano y tomó la palabra.

—Quería comentar que esta forma de verlo, que yo tampoco lo había hecho antes, a mí –y me imagino que a Pablo igual– nos puede ayudar mucho, porque es verdad que nosotros visitamos médicos y yo al menos lo hago siempre sintiéndome *menos* que ellos –y eso que soy licenciado en Farmacia–, pero ese pensamiento me gustaría que se acabara. Esto me puede ayudar mucho.

A Javier se le veía verdaderamente convencido y reforzado con el contenido. Álvaro tomó la palabra.

—Qué fuerte cuando cuente en casa que soy actor, policía, psicólogo, médico, director espiritual, atleta, creativo,... ¿qué más?

—Comunicador y embajador —puntualizó Antonio revisando la imagen de la pantalla.

—Eso, ¡embajador! Se van a enterar mis clientes... ¡Qué se han creído!

Todos se arrancaron con unas risas. Eduardo continuó.

—Pienso firmemente que la labor comercial es muy digna y muy necesaria. Ojalá os lo creáis. Qué sabia es esa frase que dice *Producción menos venta, igual a chatarra.*

»Pero es que a mí hasta me resulta un trabajo atractivo, sobre todo, por la gran libertad de movimientos y horarios que te permite, algo que los vendedores me parece que no valoramos suficientemente. De verdad creo que durante mi vida activa de calle nunca me hubiera cambiado por otro puesto no comercial si ello me hubiera exigido estar siempre *atado* a un estricto horario y a las mismas paredes, el mismo mobiliario, el mismo cuadro y casi hasta la misma planta durante años. Y del despacho a la sala de reuniones y de la sala de reuniones al despacho. Creo que se me entiende. Yo he disfrutado, y aun disfruto hasta donde puedo, organizándome para el lunes visitar a dos clientes, el martes viajar a Valladolid y el jueves por la tarde encajar el asistir a una conferencia de fidelización que pinta bien con un café pendiente con un buen cliente. Ésta es la libertad de la que hablo y que a mí siempre me ha hecho disfrutar mucho de la labor comercial.

»Así que, mis queridos vendedores, os animo a que mantengáis vuestro enfoque hacia tantos aspectos muy positivos que tiene nuestra profesión y que salgáis a la calle con la cabeza bien alta, porque hacéis una gran labor que, además, es muy necesaria y que, como digo, no está al alcance de cualquiera.

»Y una petición final que ya estamos en hora. Os pido que a partir de ahora tratéis, también vosotros, a todo vendedor con el que os encontréis con el respeto y, por qué no, con la admiración que sin duda se merece.

Las palabras de Eduardo fueron seguidas de un sonoro aplauso que le regaló el grupo. Por la cara que puso, se notó que a él las felicitaciones le generaban mucho pudor.

La Mesa finalizó, como era costumbre, completando todo el grupo su Plan de Mejora. Les costó encontrar acciones concretas y medibles dado lo conceptual del tema, pero finalmente lo consiguieron enfocando muchos de sus compromisos en edificar la profesión de vendedor.

Diego, como siempre, no se posicionó claramente con lo tratado, como sí hicieron los demás, pero Luis y Eduardo notaron que la cuestión sí le había *tocado* en lo profundo.

Llegada la noche, Inés, aprovechando que Diego estaba tranquilo en el salón, le preguntó algo con mucho interés:

—Diego, esta mañana me ha parecido que te ibas antes de la hora habitual, ¿puede ser?

Su pregunta no tenía un ápice de inocencia. Ella sabía por Luis que esa mañana temprano en Vendo tocaba Mesa y quería comprobar si le contaba algo. Y esta vez, funcionó.

—Sí, estoy asistiendo con Luis a unas reuniones de ventas.

—¿Unas reuniones de ventas?

—Bueno es difícil de explicar. Unas charlas. Nos envía Finadia a una empresa de formación para que luego de alguna forma lo trasmitamos a los nuevos. Bueno, me voy a dormir.

A Inés le hubiera gustado que le contara de qué iba y lo compartiera con ella algo más. Le contó poco y una vez más tergiversado, pero eso le valía. Ya, tristemente, se contentaba con poco.

MENSAJES CLAVE

55. Tómate tu tiempo para llegar a las reuniones comerciales sin prisas, sobre todo en grandes ciudades.

56. Importante; en la venta la primera impresión cuenta y mucho. Que nada te la estropee.

57. Sustituye en tu cabeza tu objetivo de ventas por tu objetivo de actividad comercial; llamadas, entrevistas, correos,... Así tomarás el control de tu trabajo.

58. Hoy o vendemos todos o cerramos. Asume entonces tu papel de vendedor como una gran oportunidad de futuro.

59. Recuerda que tu actitud es la mejor garantía para que lleguen las ventas.

60. Un buen vendedor es un profesional muy completo en muchas facetas; algo que no está al alcance de cualquiera.

61. La labor comercial es tan digna como necesaria. Sal a comerte el mundo con la cabeza bien alta.

62. Valora la libertad de horarios y movimientos del trabajo de vendedor. Tus días nunca son iguales.

63. Trata a todo vendedor con el que te encuentres con el respeto y admiración que se merece.

64. Repite y repite: Soy vendedor.

Capítulo 9

Mesa 3: ¿Proactivi... qué?

La venta depende de la actitud del vendedor
y no de la actitud del cliente.
William Clement Stone

Diego, contra su voluntad, se tendrá que enfrentar cara a cara con Eduardo con un resultado que nunca esperaría. Además, el grupo entenderá que la proactividad es un concepto con mucho más recorrido del que pensaban...

Las tres semanas hasta la siguiente Mesa parecía que pasaban más lentas que de costumbre. Era como si la temida cuesta de enero con las dificultades del momento se estuviera alargando unos meses más. Luis se centró pronto en su actividad comercial, como había puesto en su Plan de Mejora, pero Diego seguía refugiándose mientras podía en su función de formación técnica. Juan, su jefe de equipo, le había llevado a alguna de sus reuniones, en las que tuvo alguna intervención a nivel de producto muy destacada –era su fuerte–, pero también ya le había tenido que dar algún aviso para que saliera con veteranos a más visitas comerciales, lo que sí hizo pero a regañadientes.

Vendo, jueves 5 de marzo de 2009. 08:20 h.

Llegó la tercera Mesa, a la que Luis por un asunto médico sin importancia tuvo que asistir con el Grupo 1; es decir, el martes anterior.

Diego, en esta ocasión por su cuenta, llegó con el tiempo justo para entrar y sentarse a participar en la Mesa. No tenía mucha intención de tomarse un café con nadie. Llovía a cántaros y cuando aparcó le llamó la atención que no había coches.

Tocó el timbre y le abrió Silvia.

—Hola Diego, pasa, no te mojes. Llevamos llamándote desde las siete y media.

—Sí, acabo de encender el móvil y he visto varias llamadas. ¿Qué pasa?

—Resulta que con la que ha caído esta noche se ha filtrado agua por una ventana y tenemos la sala de reuniones encharcada. Os hemos llamado a todos para retrasar la Mesa al lunes que viene que seguramente estará resuelto. Pero, claro, no hemos dado contigo. Luis también te ha estado llamando.

—Sí, ya veo —contestó mientras comprobaba sus llamadas.

—¡Qué faena!, cómo lo siento. Pero ya que estás aquí, al menos tómate un café —le sugirió Silvia.

Miró la hora y viendo que la alternativa era irse ya al trabajo, aceptó.

Se dirigió a la cocina, eligió en la máquina su café y mientras se preparaba ocurrió lo que él siempre había querido evitar; encontrarse a solas con Eduardo.

Y ahí estaba él, entrando también en la cocina. Diego se sentía solo ante el peligro. Vendo y Eduardo le convencían, pero enfrentarse a sus *charletas* a solas como se imaginaba que ocurriría en las tutorías era algo que le aterraba.

—Hombre, Diego. Ya me han contado que no han podido avisarte. Qué faenón.

—Bueno, no pasa nada. Ya me iba.

—Claro, hay trabajo. Me imagino.

Diego empezaba a descomponerse. La situación le empezaba a superar.

—¿Te puedo hacer una pregunta?

—*Ya va a entrar a matar* —pensó él— *que si vendes, que si no vendes, que si la importancia de la actitud*... le veía venir.

—A ti te gustan las motos, ¿verdad?

Diego se quedó petrificado.

—Sí, ¿cómo lo sabes?

—Es que cuando hacéis la matrícula adjuntáis un curriculum y tú lo tienes puesto como afición.

—Ah, es verdad.

Eduardo no estaba improvisando ese momento; lo tenía bien preparado para cuando se diera la ocasión y ésta había llegado. Él se tomaba su trabajo muy en serio y antes de que se iniciaran las Mesas analizaba muy a fondo el curriculum de cada uno de sus vendedores, les buscaba en LinkedIn, navegaba por la web de sus empresas e incluso hacía una búsqueda en Google a ver qué salía; todo sumaba para conocerse mejor cuanto antes, aunque lo que encontrara fuera una multa. Después ya actuaba con cada uno como correspondiera. A Diego sabía que tenía que ganárselo, igual que un payaso se gana la confianza de un niño; deslumbrándolo con algo y nunca yendo directamente al tema comercial como sí sabía que podía hacer con otros vendedores.

Y le entró con algo que él conocía bien de antemano y que había preparado a conciencia.

—Es que creo que en junio hay carrera del Campeonato del Mundo en Montmeló, el Circuito de Cataluña, ¿verdad?

—Sí, el día catorce; es domingo —Diego se lo sabía muy bien así que seguía impresionado.

—¿Has estado alguna vez?

—No, nunca. En un par de ocasiones he estado a punto pero al final se estropearon los planes.

—Es que creo que te podría conseguir entradas.

Eduardo se había informado perfectamente de todo sobre el Campeonato y las entradas las tenía ya apalabradas. Uno de sus grandes amigos de toda la vida era un alto directivo en Repsol, patrocinador de escudería, y ya le había hecho la gestión consiguiendo cuatro entradas.

—¿De verdad? ¡Qué fuerte!

A Diego se le salían los ojos de las órbitas.

—Lo intento y te cuento cuando sepa algo.

—Muchas gracias, de verdad. ¡No me lo creo!

—De nada hombre. No te lo garantizo, pero creo que podrá ser.

Eduardo sabía muy bien cómo jugar las cartas en una negociación. Estaba creando en él una deuda emocional que sabía que tendría que devolver. Y el retorno esperaba que fuera en términos de involucrarse en Vendo y mejorar así su actitud y sus habilidades en la Venta. Era lo único que, de verdad y con la mejor intención, deseaba para él.

Durante el rato que llevaban charlando, Eduardo notó como Diego no dejaba de mirar su silla de ruedas. Ya estaba acostumbrado a ello y le parecía natural. Cuando ves a alguien postrado en una silla de ruedas es automático preguntarse qué le habrá pasado. Él también lo hacía antes de su accidente y ahora, que estaba anímicamente ya recuperado, lo veía normal.

—¿Quieres saber lo que pasó?

—No, no hace falta.

—Un accidente de coche —Eduardo sabía que sí le interesaba.

—Vaya lo siento. ¿Hace mucho? —efectivamente, le interesaba y a él no le importaba hablar de ello si eso les acercaba.

—En el 2002, hace ya siete años. Un joven invadió el carril contrario y chocamos de frente.

—Seguro que iba borracho —añadió él.

—Mira Diego, entre las muchas cosas buenas que me ha dado esta bendita profesión de vendedor, una ha sido el aprender a no prejuzgar. No sólo no iba borracho sino que era al parecer un chaval muy sano. Murió en el accidente, igual que mi mujer.

Diego se quedó helado.

—¡Perdón! Lo siento de verdad.

—No te preocupes. No eres el primero en sacar esa conclusión.

Eduardo continuó.

—Este chico –se llamaba Manu– era muy deportista, de gran complexión como tú. De hecho trabajaba dirigiendo una escuela de fútbol en Cuenca, donde vivía. Era una persona, según me cuentan los padres, muy sana en todos los aspectos.

—¿Qué pasó entonces? ¿Un reventón? —Diego seguía muy interesado en el tema y a Eduardo no le importaba tocarlo; formaba parte de su terapia.

—El informe de la Guardia Civil concluyó que fue un desgraciado despiste al cambiar el CD de la música que iba escuchando. Por cierto, creo que era algo de José Luis Perales. Ya ves que no era el joven *colocado* que te has imaginado.

A Diego le dio pudor confesarle que a él también le gustaban bastante las canciones de José Luis Perales y que, de hecho, tocaba y cantaba varias suyas con la guitarra.

—Ya, me parece que he metido la pata hasta el fondo.

Eduardo, viendo que se estaba abriendo bastante con él, puso en práctica la técnica del silencio; la que tanto recomendaba en sus entrenamientos de ventas cuando uno quiere conocer bien las preocupaciones e inquietudes del cliente. Y funcionó.

—Qué curioso, te sabes toda la vida del chico.

—Sé que resulta raro pero ahora tengo una buena relación con sus padres. La desgracia nos ha unido. El accidente fue cerca de Polán, un pueblo de Toledo. Era Semana Santa, nosotros, Isabel y yo, volvíamos de una escapada a una casa rural, nos encantaba viajar y el chico iba a otro pueblo, al parecer a preparar unos partidos que iban a jugar sus chavales en un Campus de Fútbol. El destino quiso que nos cruzáramos por una carretera secundaria y el resultado ya lo conoces.

—Ya. ¿Sabes que yo soy de Toledo?

—Anda, no lo sabía —en su currículum no figuraba—. Bueno, parece que Toledo me persigue —añadió sonriendo.

»No, lo digo en broma, pero es cierto que mi vida ha quedado muy unida a este tesoro de ciudad. Quien me lo iba a decir.

—Pero ¿sigues relacionado en algo con Toledo?

—No, pero es que luego pasé un buen tiempo allí en *Parapléjicos.*

—Ah claro, no había caído.

—Y allí precisamente conocí a los padres del chico. Vinieron a verme alguna vez. Al principio me costó; no quería verles. Yo estaba hundido y de alguna forma les hice responsables de mi desgracia. Entré en una espiral de resentimiento que me hizo más daño aún. Luego, con ayuda del equipo de psicólogos, entendí que estaba equivocado y aprendí lo inútil que es tener resentimiento hacia otros. Es cierto que, como dijo Nietzsche, es *la emoción del esclavo* ya que uno se martiriza a sí mismo muchas veces con un odio desmesurado mientras que el otro ni se entera.

Diego seguía a Eduardo con muchísimo interés.

—Sí, es verdad —lo decía con la boca pequeña siendo consciente de cuanto resentimiento había en su vida.

—Así que con ayuda entendí que ellos no eran responsables de nada y que estaban también destrozados; habían perdido a su único hijo. Y hoy es el día en que seguimos en contacto y todavía nos vemos de cuando en cuando. Son muy humildes y muy buena gente.

—Uff. Qué duro suena todo –Diego, sin darse cuenta estaba empatizando con Eduardo, algo poco habitual en él.

—Sí, hay que vivirlo para saber cómo se pasa. A mí se me ha ido media vida con Isabel. Creo recordar que tú estás casado, ¿verdad?

—Sí, hace ya cinco años. Tenemos una niña.

—¿Qué edad tiene?

—Casi tres.

—Pues disfruta lo que tienes. Las cosas se valoran cuando las pierdes. Te lo digo yo.

El comentario, que le entró a Diego como si le atravesara un rayo, le hizo hacerse en unos segundos muchas preguntas. Se sentía mal.

—Bueno, perdona, que te he dado la mañana con mi historia.

—No, no te preocupes. He sido yo que he insistido preguntándote.

—Nada, hombre. Ahora a ver si te doy la alegría con lo de las motos.

—Es verdad. Se me había pasado. Sería demasiado; no lo digo más, no sea que por tercera vez se me venga abajo el plan.

Eduardo sonrió por dentro. Sabía que en esta ocasión el *plan* como él decía no se le iba a escapar.

—Venga, que te van a poner falta en el trabajo.

—Ah, es verdad. Me voy. Mil gracias —se sintió raro dando las gracias; hacía mucho que no lo hacía, y dar mil mucho menos.

—Espera —le dijo mientras movía su silla hacia el pasillo para echar una mirada—. Sí, está Blanca. Vamos para allá.

En la puerta se encontraron con ella.

—Blanca, es Diego compañero y buen amigo de Luis.

—Encantada. Sabía de ti pero no habíamos coincidido aún.

—Encantado, igualmente.

—Blanca, además de ser mi hija, por eso es tan guapa —dijo en tono de humor—, lleva el área de entrenamientos comerciales para empresas.

—Ah sí, me lo contó Luis. Ahora me acuerdo.

—¿Y dónde está él? Me debe una cerveza. Antes de ayer se apostó conmigo que no iba a llover —comentó ella.

—Entonces no te debe una cerveza, te debe un barril —añadió Eduardo mientras Diego se reía.

La misma Blanca se contestó sola.

—Qué tonta estoy. Claro, vino antes de ayer porque creo que hoy no podía. Pues recuérdale que ha perdido la apuesta.

—Se lo diré. Bueno, os dejo.

—Te vemos el lunes —le recordó Silvia al salir.

Diego se marchó a Finadia emocionado con la posibilidad de estar en Montmeló.

Al llegar a la oficina lo primero que hizo fue ir a ver a Juan, su jefe de equipo, para explicarle lo que había pasado y avisarle que también tendría que ir a una reunión el lunes siguiente.

—Si dices que es así, será, pero me suena raro. Estoy ya algo cansado de tus excusas permanentes para llegar tarde, salir antes, quedarte sin ir a una visita,... ya *canta mucho*.

Diego estuvo a punto de saltar, pero quizá le detuvo lo contento que llegaba. Lo del lunes era verdad, pero estaba ocurriendo lo del cuento del lobo; que a base de tantas mentiras ya no le creían cuando algo era verdad.

—Ya, Juan. De verdad que lo del lunes es así. Si quieres te traigo un justificante de asistencia. En otras ocasiones es verdad que no era exacto lo que te decía, pero ahora sí lo es. De verdad. Créeme.

Juan se marchó preguntándose qué le habría pasado para estar tan suave esa mañana.

Vendo, lunes 9 de marzo de 2009. 08:10 h.

Diego llegó esta vez con algo más de tiempo, para ver si antes de la Mesa Eduardo le daba la alegría de haber conseguido ya las entradas para Montmeló. Se dirigió a la máquina de café y allí estaban varios de sus compañeros de grupo, pero él no estaba.

—Hola Diego, creo que el jueves te presentaste aquí, ¿no? —le preguntó Lorenzo— me lo ha comentado Silvia.

—Sí, una faena. No pasa nada.

—Hola a todos —dijo Silvia mientras asomaba la cabeza a la cocina—. Eduardo está llegando, me ha dicho que vayáis ocupando la sala. No tarda nada.

Café en mano se dirigieron todos a prepararse para la reunión, mientras Silvia colocaba el ordenador y la tablet, a la vez que comprobaba que todo estaba en orden. Tras el desaguisado del *diluvio* de la semana anterior, durante el arreglo, hubo que mover algunos muebles, libros, papeles e incluso algún cuadro. Algo quedaba aún por colocar pero se podía estar bien como siempre.

Eduardo entró en la sala para empezar la Mesa puntual. Cumplir los tiempos era algo que le preocupaba enormemente. Él estaba entrenando pero, de alguna forma, también educando; así que respetar los horarios le parecía algo vital. Tenía claro que los vendedores muchas veces no venden no por no saber o no querer, sino por no saber organizarse bien. En eso, él entendía que tenía que ser el primero en dar ejemplo.

Mientras se sentaban y empezaban a guardar silencio, Eduardo dirigió su mirada a Diego, con cierta complicidad le hizo la señal de *victoria* con el pulgar hacia arriba y en voz baja le añadió:

—Las motos van bien —él inmediatamente le correspondió con el mismo gesto y una amplia sonrisa.

Y dirigiéndose a todos, abrió la Mesa.

—Buenos días.

—Buenos días —contestaron todos casi al unísono. Hoy nos faltan Luis, que ya vino a esta Mesa la semana pasada, y creo que Antonio, ¿verdad?

—Sí, ni idea de dónde puede estar —comentó Eloísa.

—Me acaba de entrar un mensaje suyo diciendo que está en cama —aclaró Lorenzo.

—No me extraña, con este tiempo... —comentó Pablo.

—Bien, ¿cómo han ido estas tres semanas? A ver esos Planes de Mejora... ¿Quién se anima?

Lorenzo tomó la palabra y contó que, a raíz de la idea que dio Eduardo sobre *querer* a tu empresa con sus ventajas e inconvenientes, se propuso analizar más a fondo los principales productos de su competencia y descubrió que los tenía quizá algo idealizados. Aquella frase de que *en todas partes cuecen habas* en su caso era verdad y eso –decía– le había dado fortaleza a la hora de ofrecer sus productos.

En esa línea hubo más testimonios, como siempre ocurría no todos positivos ya que algunos reconocieron no haber progresado en algo de lo comprometido. Se analizaron las causas y se sacaron conclusiones.

Terminada la ronda de resultados de cada Plan de Mejora, Eduardo dio inicio al contenido de la Mesa preguntando:

—¿Quién se anima a definir lo que es la *Proactividad*?

—A mí me suena a iniciativa –respondió Pablo.

—Sin duda que la proactividad pasa por tener iniciativa. Más opiniones, ¿sigues tú la ronda, Diego? —en esta ocasión le pilló de los primeros y no tuvo más remedio que responder algo de su cosecha.

—Anticiparse a algo.

—También, sin duda. ¿Qué más?, Álvaro.

—Me suena a ser responsable.

—¿Lo has leído en alguna parte? —le preguntó Eduardo, sorprendido por la respuesta.

—No, me lo imagino.

—Pues ya verás que has entrado en el corazón de la proactividad.

Así continuaron todos, pero prácticamente se repitió lo que ya se había dicho con distintas palabras.

Al terminar la ronda, Eduardo tomó la palabra.

—Lo primero comentar que creo que hay un error muy extendido con este concepto en el ámbito de la venta, el de confundir proactividad con *hiperactividad*. Yo creo que el equívoco viene de haberlo utilizado durante años muchos jefes comerciales para animar u obligar a sus vendedores a realizar más llamadas y visitas. Se han dado muchas escenas como la del responsable comercial que entra en la sala de vendedores, por ejemplo un miércoles a las once y cuarto de la mañana, y ve a uno de su equipo en su mesa completando un pedido... *¿Qué haces aquí?... tendrías que estar visitando clientes... ¡¡tienes que ser más proactivo!!* O bien, un viernes en la reunión comercial de final de semana, un director comercial que tras la revisión de resultados se dirige a todos diciendo... *hemos tenido una buena semana pero podríamos haber conseguido más ventas... ¡¡tenéis que ser más proactivos!!*

Las caras delataban que más de uno sí había vivido alguna de esas escenas. Eduardo continuó.

—Yo, como vendedor, recuerdo haber escuchado muchas veces el mensaje de *hay que ser más proactivo*. Y el caso es que todos los vendedores asentíamos porque sonaba muy bien, pero nunca nadie nos contó, a mí al menos, qué era exactamente eso de ser proactivo. Y así me ocurrió que, a base de oírlo tantas veces y siempre relacionado con visitar más clientes, hacer más llamadas, vender más productos y hacer más de todo terminé entendiendo que el vendedor más proactivo –me da pudor reconocerlo– era el que más se movía en la foto, es decir, el que más visitas hacía, el que más llamaba o incluso el que más hablaba en las reuniones. O sea, el más hiperactivo. Craso error.

Prácticamente todos asintieron.

—Por eso, ahora que tengo algo más de experiencia comercial, me gustaría ayudaros dando mi visión de lo que es la proactividad para un vendedor, aspecto que, anticipo, me parece crucial y básico para vender más y mejor.

»Partiendo de que este concepto no figura aún en casi ningún diccionario, para entender bien lo que verdaderamente es la proactividad y lo mucho que incide en la consecución de nuestros resultados, de entrada aconsejo leer el capítulo referente al primer hábito del célebre libro de Stephen Covey, "Los 7 hábitos de la gente altamente efectiva", en el que desarrolla este concepto, en mi opinión con una enorme claridad, profundidad y maestría.

»Para ello, se apoya en la obra y en la durísima experiencia del neurólogo y psiquiatra austríaco y judío, Viktor Frankl, durante sus tres años de cautiverio en distintos campos de concentración de la Alemania nazi. Y remarco que Covey, tras haber analizado numerosas biografías de personas de éxito en un periodo de doscientos años para atrás, en su libro sitúa a la proactividad como el primer hábito básico de un total de los siete que él considera que llevan a las personas a conseguir su máxima efectividad, ventas en el caso de un vendedor.

»Entrando ya en el tema, de todo lo que he estudiado sobre proactividad me quedo con la definición de que se trata de la actitud de la persona que se hace responsable de su conducta, que asume el control de su vida tomando la iniciativa de sus acciones y, muy importante, que no se deja dominar por las circunstancias externas.

»Hacerse responsable. ¿Ves, Álvaro, cómo de alguna forma habías dado en el clavo?

—Si es que *el que vale, vale* —añadió Álvaro arrancando una risa a más de uno.

Eduardo siguió con sus explicaciones.

—La proactividad, de entrada, es una actitud, es decir, es un *encaje mental* que todos podemos hacer gracias a la autoconciencia que no tienen los animales y que nos permite ser responsables; entendiendo esto como ser hábiles en la respuesta a dar a cada estímulo que recibimos: Responsabilidad = Respuesta + Habilidad. Esto es lo que Viktor Frankl denominó *La última libertad*, para mí, el corazón de la verdadera proactividad, y para un vendedor podemos traducirlo como que, por muy mal que estén o se nos pongan las cosas, siempre seremos libres para elegir qué lectura hacer de lo que nos esté ocurriendo. Es decir, podemos elegir cuánto queremos que nos afecten las cosas que nos pasan. Y si Viktor Frankl lo consiguió, superando así las atrocidades de un campo de concentración hasta salvar su vida, qué no podremos hacer los vendedores ante los avatares que se dan en el día a día comercial; *peccata minuta*.

Javier levantó la mano.

—Es decir, que no te dejas superar por los problemas. ¿Es así?

—Sí, pero no dándoles la espalda. Al revés, afrontándolos, ya que no hacerlo sería un comportamiento absolutamente irresponsable. Lo que quiero decir es que como vendedor tengo que tener la habilidad de decidir y responder sobre la marcha a cada problema al que me enfrente. Si lo que me preocupa tiene solución, y esta solución depende de mí, hay que actuar en consecuencia; si tiene solución pero tiene que aplicarla otra persona, hay que influir en esa persona; y, por último, si no tiene ninguna solución, aceptarlo con la mejor actitud posible; *Coopere con lo inevitable* como decía Dale Carnegie, un escritor estadounidense de los años cuarenta, gran experto en relaciones interpersonales que a mí personalmente me gusta mucho.

»Así, por ejemplo, si la dirección Comercial de mi empresa ha convocado un curso de producto para mí en el peor día de todos los posibles por ser cierre de mes, yo puedo cargarme de rabia, incluso perder los papeles, enfocarme sólo en que soy una víctima del sistema para, finalmente, *tirar la toalla* dejando de hacer, por ejemplo, unas llamadas y una visita comercial que iba a realizar, con lo que no resuelvo nada –y lo que es peor, vendo menos–; o bien, de forma proactiva, ir a hablar con quien corresponda para constructivamente mostrar mi desacuerdo, eso sí, proponiendo una alternativa; con lo que, independientemente del resultado, habré participado en el control de mi vida comercial.

Eduardo detuvo durante unos segundos su exposición. El silencio era tan intenso que podía cortar el aire. Pero continuó.

—Porque si tú, o cualquiera de vosotros, como vendedor permites, insisto permites, que te controle una reunión por muy mal planificada que esté, un pedido que no llega a tiempo, un producto de tu empresa que no te gusta o incluso un atasco de tráfico inesperado, te habrás convertido entonces en un vendedor reactivo o, lo que es lo mismo, un vendedor esclavo de las circunstancias; de tal forma que si el entorno está mal, estarás mal y si el entorno está bien, estarás bien y tú, porque así lo has elegido, entonces –perdonadme el atrevimiento –no pintarás nada en el control de tu vida como vendedor. A ti entonces te dirigirán circunstancias y decisiones de otros, porque te habrás rendido, convencido de que *así es imposible hacer nada*, que por cierto, suele ser la postura más cómoda. Marcar ese límite de lo que permito que me afecten las cosas, como hizo Viktor Frankl en unas circunstancias heroicas y que nada tienen que ver con los posibles problemas que hoy podamos tener nosotros, esto es para mí la verdadera proactividad.

»Siempre he opinado que los vendedores corremos un gran riesgo que otros profesionales no corren o al menos no tanto –pienso por ejemplo en un técnico o en un investigador–, y es que, al tener nosotros los vendedores un trabajo con tantísima interrelación personal –con compañeros, con nuestros responsables, con otros departamentos, con tantos clientes, etc.–, es muy fácil encontrar todas las excusas del mundo para justificar nuestros malos resultados. Y creérselas es cavar nuestra propia tumba en la venta. Por eso, Leopoldo Fernández Pujals, en su época de presidente de Telepizza, decía a sus vendedores que hay que cambiar el *es que* por el *hay que*. Vamos, que hay que dejar de lamentarse y enfocarse proactivamente en la solución.

»A mí, en la medida de lo posible, me gusta reforzar los conceptos con imágenes porque siempre las retenemos mejor en el tiempo. Y ahora lo quiero hacer empleando una ambientación marinera, posiblemente recordando a mi suegro, un gran marino al que no llegué a conocer. Y lo que propongo es imaginar que el *vendedor proactivo* es ese buen marino que prepara bien su travesía –anticipación/planificación– sabiendo bien de qué puerto sale y a qué puerto se dirige –objetivos–, qué escalas realizará –metas–, qué recursos necesitará en cada momento –programación– y seguro de que llegará a su destino manteniendo el pulso firme en el timón sin permitir que los vientos, las mareas o incluso las tempestades le aparten de la travesía que se ha marcado. Y podemos imaginar también al *vendedor reactivo* como un marino mediocre, quejándose de entrada de la navegación que tiene que realizar, criticando al constructor de su embarcación por lo que sea, dejando todo para media hora antes de salir, abandonándose después a cualquier viento que le incomode porque así no se puede *hacer nada* y, por supuesto, no llegando a buen puerto, claro está que siempre por culpa de todos y de todo, menos de él mismo.

»Así que, si el dicho dice que *las tempestades hacen náufragos o buenos marineros*, yo digo que las circunstancias que tanto inciden en la vida comercial hacen *vendedores reactivos* con excusa o *vendedores proactivos* responsables. Y ser uno u otro depende sólo de ti y de la dirección hacia donde pongas *proa a tu actividad*. Ya me entendéis.

Al callarse Eduardo el grupo se mantuvo durante unos segundos en un silencio sepulcral hasta que Pablo preguntó:

—¿No es este tal Viktor quien escribió el libro de "El hombre..."? —no fue capaz de recordar el nombre completo, pero Eduardo le echó un cable.

—Claro, Viktor Frankl; el libro es "El hombre en busca de sentido". Está basado en su propia experiencia en el campo de concentración y el título del libro está relacionado con la Logoterapia, una terapia creada por él y muy efectiva para personas muy desesperadas. Se trata, como dice el título, de que cuando el hombre encuentra un sentido a su vida, es cuando inmediatamente empieza su recuperación.

—¡Qué interesante! Me parece fundamental este concepto para nuestra labor comercial. Me gusta —añadió Eloísa que había estado durante todo el relato boquiabierta, muy interesada en el tema.

—Entonces, ojalá os ayude. Ha llegado la hora de hacernos responsables de lo que nos ocurra en la vida y en nuestra labor comercial; hasta donde nos corresponda, claro. Las circunstancias como controladoras de nuestro día a día, desde hoy, tienen que desaparecer de nuestra vida. Ojalá lo pongáis en práctica y a la vuelta de las tres semanas podamos escuchar testimonios de la enorme satisfacción que genera el tomar proactivamente las riendas de nuestra vida. Ya me contaréis.

Todos completaron sus Planes de Mejora y se fueron despidiendo. Diego, a diferencia de lo que hasta la fecha había hecho, se acercó a Eduardo para despedirse con un gracias que sonó sincero, a lo que él correspondió con un *de nada, hombre*; pero se quedó dudando si las gracias venían por lo tratado en la Mesa o por lo de las motos.

—Da igual, ha dado las gracias y eso es lo que importa —pensó.

MENSAJES CLAVE

65. No prejuzgues nunca. La situación del cliente puede ser muy diferente a la que imaginas.

66. El coche es una herramienta clave para el vendedor. Máxima prudencia; un despiste de segundos puede ser fatal.

67. Aprende a callar. Unos segundos de silencio te pueden dar toda la información que necesitas.

68. El resentimiento es uno de los grandes enemigos de las relaciones interpersonales. No permitas que te esclavice; pasa página cuanto antes.

69. Las cosas se valoran cuando las pierdes. Disfruta todo lo que tienes. Es la mejor actitud para vender.

70. Muchos vendedores no venden no porque no sepan o no quieran, sino porque no se organizan bien. Revisa y mejora cómo está la gestión de tu tiempo; es clave.

71. La proactividad es la actitud de hacerse responsable de lo que nos ocurre en la vida, superando las circunstancias por difíciles que éstas sean.

72. Un vendedor tiene al alcance de su mano todas las excusas del mundo para justificar sus malos resultados. Creértelas es tu final como vendedor.

73. *Coopere con lo inevitable*. Frase muy inteligente.

74. Decide si quieres ser un vendedor proactivo responsable o un vendedor reactivo con excusas. Tú mismo.

Capítulo 10

Mesa 4: Querido cliente, hoy no

Lo más importante que aprendí a hacer después de los cuarenta años fue a decir no cuando es no.
Gabriel García Márquez

En Vendo empezarán a vislumbrar cambios en Diego pero, lamentablemente, en casa, y para desesperación de Inés, todo seguirá igual. De manera oportuna la nueva Mesa tratará sobre el comportamiento asertivo, un concepto que hará reflexionar mucho a Diego y también a Luis...

—¿Tienes algún día de vacaciones ahora en Semana Santa?

La pregunta de Diego en la cocina cogió a Inés por sorpresa. Era cierto que en diez días llegaban las vacaciones pero llevaban años sin hacer planes para esas fechas.

—No he pedido nada. Tendré el jueves y viernes santo como siempre. ¿Por qué me lo dices?

—No, nada. Por saberlo.

A Diego las vacaciones de Semana Santa no le preocupaban lo más mínimo. Llevaban años sin hacer ningún viaje y él lo prefería. Viajar con la niña suponía cargar cuna, silla, *trastos,...* y claro, a él eso no le compensaba. Entonces siempre castigaba a Inés y Lucía a permanecer esos cuatro días en la locura de Madrid para quedarse él vegetando todo lo posible, bien durmiendo o bien con la *Play*. Esas eran para él sus mejores vacaciones.

Pero la pregunta sí tenía una intención. Él sabía que ella contaba al año con veintitrés días laborales de vacaciones y prefería que no los utilizara en Semana Santa por si necesitaba alguno para ir en junio al Mundial de Motociclismo de Montmeló. Ya tenía en su cabeza planeado que Inés le acompañara sin importarle si le apetecía o no. Él, que no era nada dado a los viajes con ella, a pesar de tener todas las posibilidades del mundo al contar con la ayuda de sus suegros para quedarse con Lucía y una economía que se lo permitía, ahora sí la necesitaba en el viaje, pero nada más que para evitar tener que ir solo.

—Pero, ¿quieres que hagamos algo? —le preguntó ella ingenuamente intentando aprovechar la posibilidad de hacer algún plan de viaje como sugería su pregunta.

—No, qué va. Ya sabes que a mí viajar como domingueros en esos días de locos no me gusta nada. Estamos mejor y más relajados en casa.

—Pero bueno, si me lo preguntas será por algo —le respondió ella en el mejor tono posible intentando descubrir qué había en su cabeza.

—¡Que te estoy diciendo qué no!, que era sólo por saberlo. ¡No seas pesada! —añadió Diego ya alterado.

—¡Mira a mí no me hables así! ¡Me merezco un respeto! —contestó ella también bastante enfadada.

Inés llevaba tiempo evitando este momento pero no pudo más y saltó.

—¡Pues respétame tú a mí y déjame en paz! —le gritó él mientras se marchaba a su guarida de siempre: el salón y su mando a distancia.

Cuando ella se secaba unas lágrimas fruto del dolor y la rabia que le provocaba el sentirse tan poca cosa en su vida, notó que le tiraban de la falda.

—Mami, ¿por qué lloras?

—Eh... es que estaba viendo una peli muy bonita.

—Pero la tele está apagada...

—Ya. Es que se ha terminado la película...

Lucía cada vez presenciaba más escenas de este tipo, a la vez que parecía entender mejor lo que pasaba entre ellos, y eso ahondaba aún más la preocupación de Inés por todo lo que estaba ocurriendo. Tenía muy claro que Diego necesitaba cambiar de trabajo aunque empezaba a pensar que aun consiguiéndolo sería difícil volver a lo de antes. Ella ya estaba mirando posibilidades laborales; se lo había dicho a amigos de confianza en el trabajo, había revisado su tarjetero buscando contactos en el mundo financiero y visitaba algunas webs de ofertas de trabajo, aunque cada vez había menos. Pero, por lo que ella veía, él no estaba buscando nada. Un día consiguió tocar el asunto con él, de forma muy suave, pero le argumentó que a él tenían que venirle a buscar las empresas. Para Inés últimamente todo su comportamiento era desesperante.

Vendo, jueves 26 de marzo de 2009. 08:30 h.

A la hora prevista se iniciaba una nueva Mesa con la correspondiente revisión de lo sucedido desde la última.

—¿Qué tal nos ha ido todo? —preguntó Eduardo.

Lorenzo tomó la palabra.

—Yo me leí el capítulo uno de "Los 7 hábitos..." tal y como nos aconsejaste, y es verdad que el concepto de proactividad tiene un calado mucho mayor como para limitarlo sólo a ser previsores o resolutivos, como hasta ahora pensábamos —yo al menos.

—¿Sí?, ¿qué más has conocido sobre el concepto? —le preguntó Eduardo deseando que compartiera con todos lo descubierto con la lectura del capítulo.

—Para mí es muy interesante lo que cuenta de los círculos. Dice que todos tenemos un CP o *Círculo de Preocupaciones* en el que metemos todo lo que nos quita el sueño en la vida, y otro que es el CI o *Círculo de Influencia* en el que entra todo lo que controlamos o nos gusta; vamos, las áreas en las que nos sentimos cómodos. Entonces Covey aclara que mientras la persona reactiva está dominada por el Círculo de Preocupaciones que se ha *comido* al de Influencia –llega un momento en que todo en la vida del reactivo es malo porque no se enfoca o no se valoran las cosas buenas que sí tiene en su Círculo de Influencia–; a los proactivos les pasa al revés, su vida está dominada por el Círculo de Influencia que *se come* al de Preocupaciones, ya que el proactivo sólo entra en él para afrontar y resolver los problemas que le van surgiendo. A lo mejor lo he contado un poco enrevesado. No sé.

Antes de que respondiera nadie, de forma espontánea todos le dedicaron un aplauso.

—Ya ves, Lorenzo, que nos lo has explicado de maravilla.

Muchísimas gracias. Más experiencias. ¿Sigues tú, Álvaro? —como siempre les pedía que completaran la ronda para que todos participaran.

—Yo he intentado poner en práctica algo que me convenció mucho, y es el no aceptar que me afecten cosas que luego cuando las analizo veo que son tonterías. Los resultados empezaron bien, por ejemplo con dos reuniones que me anularon dos clientes o, simplemente, cuando no he encontrado aparcamiento a la primera. Pero reconozco que luego lo voy dejando porque me cuesta acordarme del tema para cumplir con mi Plan de Mejora.

—Eso, Álvaro, es absolutamente normal. Os recuerdo que para los adultos cambiar actitudes y hábitos lleva su tiempo. De momento has dado un paso de gigante al empezar a ser consciente de algo que puedes mejorar. Ahora falta practicar mucho lo aprendido para ir convirtiendo con el tiempo esas prácticas en hábitos. Por eso es importante comprometerse por escrito, para releerlo y que así las buenas intenciones no se las lleve el viento. Sobre la importancia de esto Aristóteles dijo: *Somos lo que hacemos repetidamente. La excelencia, entonces, no es un acto; es un hábito.*

La ronda continuó.

—Adelante Diego.

—Alguna vez ya me habéis escuchado decir que yo, siendo economista, si no es con números no termino de ver la importancia de todas estas cosas. Pero en este caso sí me llamó la atención lo de la proactividad porque es verdad que mis jefes me han exigido muchas veces ser proactivo, así que se me ocurrió ver qué explica Wikipedia y me gustó como lo desarrolla. El caso es que lo llevo impreso siempre a mano, le voy echando una ojeada de vez en cuando y así espero contentar a mis jefes algún día.

—Diego, enhorabuena por tu iniciativa —es verdad que ahí está muy bien resumido—, pero, sobre todo, por tu compromiso de mejora. Eso es lo importante.

—A lo mejor tardo años... —añadió mientras se reía.

—Bueno, otros ni lo intentan así que *Más vale tarde...*.

Eduardo de forma espontánea inició un aplauso que fue seguido por todos y a él, de alguna forma, se le iluminó la cara. No recordaba el tiempo –posiblemente años– que había pasado desde la última vez que le habían felicitado.

Así siguieron hasta que se completó la ronda de aportaciones que resultó muy enriquecedora para todos.

Y llegó el inicio de la nueva Mesa que llevaba el misterioso título de *Querido cliente, hoy no.*

—¿Quién sabe lo que es esto que estoy escribiendo? —mientras Eduardo formulaba la pregunta escribió en su tablet la palabra:

ASERTIVIDAD

El silencio que siguió a la pregunta se alargó más que otras veces, originando una tensión algo incómoda que se mantuvo hasta que intervino Eloísa:

—Pues yo no tengo ni idea. Es la primera vez que veo esta palabra.

—Eloísa, te voy a decir una cosa —añadió Eduardo con cierto énfasis—, el comportamiento que acabas de tener ahora mismo es precisamente un comportamiento asertivo.

—Ah, ¿sí? ¿Y es algo bueno o malo? Me dejas en un *sin vivir* —añadió mientras algunos sonreían.

—Veamos primero de qué va esto y después tú misma juzgas.

—Perfecto —completó Eloísa.

Eduardo comenzó entonces a aclarar el concepto.

—No pretendo en este rato explicar esto a fondo, ya que ni me considero tan experto en el tema como para hacerlo, ni tampoco podría porque haría falta mucho más tiempo para explicarlo en condiciones. Lo que sí me gustaría es que entendamos las bases del concepto y que lo relacionemos con nuestra labor de vendedor para conseguir, finalmente, que os quedéis con ganas de profundizar por vuestra cuenta en el tema. Estoy seguro que merecerá mucho la pena que lo hagáis.

»Lo primero es pediros que estéis tranquilos por no conocer de qué va esto de *La asertividad*. Es absolutamente normal. Recuerdo como anécdota cuando en uno de mis entrenamientos un vendedor ya veterano respondió que la asertividad era *ese examen que hay que hacer para entrar en la universidad* —inmediatamente sonaron unas risas.

—Y no es que diga yo que *La asertividad* es poco conocida, es que la palabra, que es una traducción del inglés Assertiveness, como tal ni aparece en nuestro diccionario de la Real Academia Española. Aparece Asertivo como afirmativo y punto. Menos mal que sí aparece ya en otros diccionarios de la red como es precisamente Wikipedia, en mi opinión, con una buena explicación. Animo a leerlo. Y os anticipo que, en cuanto salgáis por esa puerta —dijo mientras la señalaba—, ya no volveréis a escucharla. Es una pena, pero es así.

»Digo esto porque en otros países, como puede ser Irlanda, me consta que este concepto se conoce y se trabaja en el ámbito familiar, en el colegio y, claro, se llega a la empresa con él muy interiorizado. Aunque como concepto también tiene en algún aspecto sus detractores, para mí es algo clave en el desarrollo personal. A ver si os convenzo.

»¿Qué es entonces esto de *La asertividad*? Yo la defino como la capacidad de exteriorizar lo que uno es, siente, cree o piensa, haciéndolo en el momento oportuno y con la persona adecuada y, sobre todo, de forma constructiva; siempre sin herir a los demás y, por supuesto, sin sentirse mal por hacerlo. Es, por lo tanto, conseguir mostrase al mundo con el difícil equilibrio de ser a la vez honesto con uno mismo y con los demás. Lo aclaro algo más.

»Los animales ante una amenaza sólo pueden elegir dos posturas; atacar o huir –el *fight or fly* que dicen en inglés–; sin embargo, las personas, y esta es la buena noticia, podemos elegir conscientemente un comportamiento dentro de la escala que forman estas dos posturas, con el grado de imposición o de cesión que más convenga según cada situación. Si nos vamos a los extremos, en el ser humano los comportamientos de los animales serían la agresividad y la sumisión, posturas que ninguna es buena y en la venta menos aún; una por exceso y otra por defecto. Como agresivo –o dominante, para que no suene tan mal–, tú no puedes ir por la vida imponiendo siempre tu opinión a todos y haciendo todo lo que te dé la gana sin importarte nada el otro...

En ese momento Luis miró de reojo a Diego y vio como asentía con cara reflexiva y parecía que de remordimiento, mientras, Eduardo continuaba...

—... y en el otro extremo, como sumiso tampoco puedes ni debes hacer todo lo que te digan, aceptar que la opinión del otro es siempre la buena y no atreverte a decir NO por miedo al *qué dirán*. Así te sentirás fatal porque habrás asumido que no pintas nada en tu mundo. Es así de duro.

Ahora era Luis el que se sentía muy identificado con ese comportamiento. Ese era su problema en el que algo había avanzado, pero sabía que aún le quedaba mucho por mejorar. Le estaban retratando perfectamente.

Eduardo proseguía.

—Tanto un comportamiento –el agresivo– como el otro –el sumiso– para mí no tienen cabida en un buen vendedor. Con tanta relación como se tiene en la venta, el buen vendedor entiendo que debe mostrase siempre como es y como piensa, diciendo NO con alternativas cuando corresponda para no ser sumiso; pero respetando siempre las posturas y opiniones de los demás para no ser agresivo.

—¿Qué tal suena? ¿Coincidís en que es un concepto muy importante para un vendedor?

—Para mí, rotundamente sí —afirmó Antonio.

—Bueno, pero hay muchas veces que el vendedor no puede –y entiendo que no debe– decir todo lo que piensa —opinó Lorenzo.

—Precisamente en ese punto es donde existen diferentes posturas entre algunos autores. Y yo lo entiendo.

—Hay un modelo de tres pasos para verbalizar de forma muy eficaz un comportamiento asertivo –como por ejemplo para decir NO–, aunque aquí por limitación de tiempo no vamos a tratar pero que os lo paso en este documento —inmediatamente Eduardo les pasó las hojas, mientras continuaba aclarando ese aspecto.

—Es un modelo muy eficaz pero lo que dicen algunos autores, y para mí tiene mucha lógica, es que no siempre el comportamiento asertivo es el más adecuado. Dicho de otra forma, no siempre puedes decir lo que piensas por mucho que lo hagas de forma constructiva. Si el resultado final es que se hace daño a alguien, no es entonces un buen comportamiento. Es mejor adoptar un silencio, en este caso asertivo –no sumiso–, que yo elijo y no porque no me atreva a decirlo. Es algo muy distinto.

»Pero sigamos aclarando el concepto en el ámbito de las ventas.

»Yo me eduqué comercialmente en el sector asegurador y en la época de *El Cliente es el rey y siempre tiene la razón*. Como detalle, recuerdo que siempre se estilaba escribir cliente con mayúscula con lo que el mensaje había calado: *El Cliente lo es todo y tú, humilde vendedor de seguros, no eres nada*. Este sentimiento, con el que más de uno que lleve vendiendo años se sentirá identificado, a mí durante muchos años me produjo una gran inseguridad y el estar cuestionándome permanentemente mi trabajo como vendedor, amén de estar sometido muchas veces a una presión insoportable.

»Por ejemplo, yo creía que me tenía que saber todas las cláusulas de todas las pólizas que vendía –lo que resultaba imposible– sólo porque al *Cliente* nunca debía decirle *esto no lo sé*. Precisamente, cuando empecé a profundizar en este concepto del comportamiento asertivo, una de las cosas que más me gustó y más me ayudó, fue conocer los llamados *Derechos Asertivos*; derechos que tenemos todos, como son, por ejemplo: el derecho a ser tratado con respeto, el derecho a cometer errores, el derecho a pedir un favor, el derecho a decir *No*, el derecho a cambiar de opinión, y, como no, el derecho a decir *no lo sé*, que tan bien has ejercitado Eloísa —Eduardo se dirigió entonces hacia ella—, con lo que ya respondo a tu pregunta.

»Lo que has hecho es algo muy recomendable, como es el reconocer en público que algo no lo sabes. Tenías la oportunidad de estar callada, como habéis hecho la mayoría y, sin embargo, tú has sido honesta contigo misma al reconocerlo y eso es una mejora en autoconfianza. Has demostrado que no te afecta lo que los demás puedan pensar de ti y esto yo lo veo clave para un buen vendedor. Esta transparencia sincera se transmite al cliente y esto, sin duda, vende.

»Ahora que *peino canas*, veo muy claro que si a lo largo de una presentación comercial en un par de ocasiones le digo al cliente *eso no lo sé* o *ahora no lo recuerdo* –comprometiéndome lógicamente a saberlo y decírselo lo antes posible–, no sólo no me desautoriza, sino que le trasmito la tranquilidad de que todo lo que sí le he contado es como se lo he contado. Uno así trasmite honestidad que, sin duda, es una de las cualidades que más demandamos los clientes a nuestros proveedores.

»Y, extendiéndolo a otros derechos, yo pregunto: qué pasa por decirle a un cliente *me he equivocado* o qué pasa por pedirle un favor que está a su alcance, e incluso qué pasa por decirle *No*, como dice el título de esta Mesa: *Querido Cliente, hoy no*. Pues si se hace asertivamente, es decir constructivamente y con enfoque a soluciones, creedme que ¡no pasa nada! Probadlo. Ya veréis.

»Con este comportamiento asertivo, como vendedor serás dueño de todo lo que te acontece en tu día a día y, más allá de los resultados comerciales que consigas, terminarás tu jornada laboral con esa enorme satisfacción que da el haber hecho o dicho en todo momento lo que tenías que hacer o decir, sin depender de nada o de nadie. Y esto en términos de autoestima, no tiene precio. Esto nos lleva de nuevo a la proactividad; el control de las circunstancias. Si como vendedor nunca dices *No*, tienes garantizado vivir a merced de los demás. Seguro.

Todos asintieron.

—En definitiva, es cuestión de dar sentido a nuestra dura pero apasionante labor de vender desde la trasparencia de cómo somos y cómo nos sentimos, y no tengo duda de que esto es lo que más valoran nuestros clientes muy por encima de que nos sepamos todas las cláusulas de una póliza de seguros.

»Los vendedores somos personas y no máquinas de vender. Tenemos derecho a todos los derechos comentados, aunque, ¡ojo! hay que aceptar en los otros –clientes incluidos– también estos derechos.

»Así que, un consejo: Profundizad en este concepto porque merece la pena, id poco a poco conformando una personalidad asertiva –lleva mucho tiempo pero se puede lograr– y veréis las grandes satisfacciones que os va a dar. Ya me contaréis. ¿Queréis comentar algo? Venga, que creo que me he enrollado un poco.

—Que yo al menos te agradezco que te hayas alargado algo como dices —comentó Pablo —. Me identifico bastante con lo de no saber decir *No* y lo que ello me supone. Hoy salgo muy reforzado. De verdad.

—Gracias Pablo, por tu honestidad; bueno, por tu asertividad. Seguro que no eres el único en verte aquí reflejado —varias caras asintieron sin pudor ninguno, entre ellos Sonia y Luis.

Como de costumbre, completaron su Plan de Mejora con dos ideas a poner en práctica y así terminó la Mesa. El intervalo hasta la próxima sería más largo porque a primeros de abril caía Semana Santa. Así que todos se despidieron deseándose unas buenas vacaciones.

MENSAJES CLAVE

75. El vendedor proactivo es el que afronta los problemas según surgen para darles la mejor solución posible. El *"es que"* lo sustituye por el *"hay que"*.

76. Somos libres para decidir cuánto queremos que nos afecten las cosas que nos ocurren.

77. Relativiza, seguro que lo que te agobia no es para tanto.

78. Vender es también cuestión de adquirir nuevos hábitos y eso en los adultos lleva su tiempo. Pero se puede.

79. La asertividad es la capacidad de mostrarnos ante los demás como somos, sentimos y pensamos, haciéndolo en el momento oportuno y con la persona adecuada, pero siempre de forma constructiva.

80. La agresividad y la sumisión son dos conductas extremas que no tienen cabida en la venta. ¿Tienes alguna de ellas?

81. Recuerda que no siempre el comportamiento asertivo es el más adecuado; hay veces que es mejor callar. Y en la venta más.

82. Revisa los llamados Derechos Asertivos. Te ayudarán mucho a vender. Seguro.

83. La transparencia sincera se transmite al cliente. Aunque no te lo diga, la valorará mucho más de lo que imaginas.

84. Los vendedores somos personas y no máquinas de vender. Este pensamiento es la esencia del comportamiento asertivo en la venta. Recuérdalo.

Capítulo 11

Mesa 5: La generosidad en la Venta

Deja de vender y empieza a ayudar.
Zig Ziglar

Sobre la base de la generosidad, en la siguiente Mesa se debatirá si es posible cambiar. Por si quedara alguna duda, Diego se verá muy reflejado en un ejemplo cinematográfico que pondrá Eduardo…

El año seguía avanzando mientras se iban confirmando las malas previsiones económicas y de mercado que ya en 2007 aventuró el presidente de Finadia. Si antes costaba vender, ahora mucho más y todos los vendedores sin duda lo notaban. En época de bonanza la dificultad estaba en cerrar operaciones, pero ahora a cualquier vendedor le empezaba a costar tanto conseguir reuniones con potenciales clientes como después, una vez que le habían recibido, cerrar la venta.

A Luis su paso por el sector seguros le enseñó la importancia de la perseverancia y, contra viento y marea, seguía de forma metódica con sus llamadas y contactos con potenciales clientes. Le costaba más pero seguía cerrando reuniones, mientras que otros compañeros menos disciplinados y, sobre todo, menos convencidos de su trabajo cerraban menos. En esto el pesimismo y el desánimo no perdonan.

Diego, por otra parte y como siempre, seguía poco activo comercialmente, pero Luis, que le seguía de cerca al conocer bien la situación laboral tan delicada que atravesaba, sí notaba que su carácter estaba algo más templado o, al menos, no peor que antes, algo que él valoraba de forma muy positiva.

Pero en casa todo seguía igual. Hay personas que de forma muy injusta culpan de todos sus males –aunque sean laborales– a las personas con las que conviven y, sin duda, éste era el caso. Personas que en el trabajo no se atreven a enfrentarse a nada ni a nadie pero con sus seres queridos sí que son muy valientes. Inés seguía intentando ayudarle y comprenderle pero cada vez le costaba más porque sólo recibía malas contestaciones y desplantes. Y, claro, ella también cada vez *saltaba* antes. Cualquier esfuerzo que él tuviera que hacer, cualquier plan que tuviera que cambiar o cualquier cosa que le incomodara lo más mínimo terminaba siempre en bronca y disgusto. Y, por supuesto, en Semana Santa tocó quedarse en casa a contemplar cómo el *señorito* alternaba la cama con la *Play*. Ella no podía más. Necesitaba volver a hablar con Luis en la primera ocasión que tuviera.

Vendo, jueves 23 de abril de 2009. 08:33 h.

—Buenos días mis queridos *peregrinos*.

Con el cercano saludo de Eduardo, al que todos correspondieron, empezaba la nueva Mesa.

—Veo que estamos todos; nadie se ha quedado en la playa. Bueno, ¿cómo estamos?

Pablo respondió.

—Me imagino que, con la tregua de la Semana Santa y con algún día soleado que hemos tenido, estamos todos encantados; yo al menos.

—Lógico. ¿Habéis descansado? Porque falta hace —apuntó Eduardo.

Todos asintieron.

—Esta Mesa digo yo que la podríamos haber organizado en Benidorm, en un chiringuito de la playa —bromeó Lorenzo, a lo que siguieron unas risas.

Eduardo preguntó:

—Bien, ¿cómo han ido estas semanas con el Plan de Mejora? Han sido cuatro pero parece que ha pasado un año.

Sonia, poco acostumbrada a participar, levantó inmediatamente la mano y tomó la palabra ante el asombro de la mayoría.

—Sólo deciros que, como sabéis, soy bastante tímida y para mí lo de la asertividad ha sido todo un descubrimiento. He leído más cosas sobre el tema, pero reconozco que todavía me resulta imposible decir todo lo que quiero y si es en público, aún peor. Ahora mismo estoy que me quiero morir, pero el otro día pensé que con vosotros, con los que estoy muy cómoda, es con quien puedo empezar a practicar y me propuse hoy intervenir la primera. La verdad es que no tengo más que contar. Bueno, es sólo un pequeño avance pero al menos lo he conseguido.

El aplauso que siguió a las palabras de Sonia fue el más fuerte y sincero que hasta ahora habían vivido en el grupo. Eduardo tomó la palabra.

—Sonia, enhorabuena. Nos has dado a todos una gran lección de superación. Estás haciendo un avance enorme. De verdad te lo digo.

Sonia sonrió plena de satisfacción mientras Eloísa, que estaba a su lado, le regalaba un beso.

Eduardo avanzó con la Mesa.

—Luis, ¿continúas tú y seguimos hacia la derecha?

—Vale... aunque después del testimonio de Sonia, lo tengo difícil. Pero sí quiero contaros algo. Me identifico mucho con Sonia porque yo siempre he sido también muy tímido e inseguro, lo que me ha originado muchos problemas. Pero la labor comercial, que ya llevo haciendo durante muchos años, me ha ido ayudando a resolver esto –quizá por necesidad– y, aunque algo he mejorado, todavía tengo mucho camino por recorrer. El caso es que el concepto de comportamiento asertivo a mí también me llegó al alma. Me vi muy identificado –me imagino que como Sonia– en el perfil de sumiso porque todavía lo soy en muchas ocasiones; sobre todo con mi novia.

La frase originó alguna sonrisa pero el tono de Luis demostraba que lo decía muy en serio y que era algo que de verdad le preocupaba. Luis continuó.

—Nosotros llevamos ya más de ocho años juntos, pero el otro día lo que tratamos me hizo ver con mucha claridad, después de tanto tiempo, que yo he cedido terreno con ella en todo y que sólo hacemos lo que ella quiere y decide. Me da cierto pudor reconocer esto, pero la postura de Sonia me ha animado a hablarlo con vosotros. Pero, a diferencia de lo que cuenta ella –será la edad–, yo sí he empezado a mostrarme asertivo con mi novia diciéndole a algunas cosas que *no*. Me gustaría deciros que se ha arreglado todo, pero de momento no es así, incluso al revés. El balance es que ella ahora está aún más *peleona* y tenemos más broncas que antes. Entonces, no sé si estoy haciendo algo mal.

Mientras terminaba la frase dirigió su mirada a Eduardo que tomó la palabra.

—Luis, de entrada enhorabuena también a ti porque al menos has movido ficha. Recordad la frase magistral de Einstein que dijo que *La locura es hacer la misma cosa una y otra vez esperando obtener diferentes resultados.* Tú estás al menos cambiando y seguro que será para bien. En cuanto a lo que nos cuentas entiendo que tu novia debe ser una persona de carácter, ¿es así?

—Sí, la verdad es que ya en su casa sus padres han hecho siempre lo que ella ha querido y en su empresa, donde lleva años, aunque no ocupa un puesto de alta dirección, manda mucho. Y conmigo más.

—Claro, hay que tener en cuenta que la asertividad es un tema de dos. Tú puedes tener el espíritu constructivo, que nos pide el comportamiento asertivo, pero uno no puede controlar la respuesta del otro. Entonces siendo cierto que la asertividad facilita acuerdos, tampoco los garantiza. Pero dime algo con sinceridad, cuando le dices *no* a algo, ¿después cómo te quedas?

—La verdad es que, aunque se cree después una situación tensa, me quedo mejor.

—Claro, es que antes no había tensión porque toda la presión la absorbías tú. Aparentemente no pasaba nada pero tú te quedabas como una olla a presión. Tú cedías, el problema quedaba contigo y, para ella, tema resuelto. ¿Es así?

—Lo estás clavando.

—Ahora lo que ocurre es que estáis absorbiendo el problema o el desacuerdo entre los dos, aunque sólo sea decidir si vais a cenar o al cine. Y así debe ser. Te animo a que te mantengas así, que sigas mostrándole a ella tu postura u opinión, eso sí, sin perder nunca el espíritu constructivo, clave en este comportamiento. Y el tiempo dirá.

—Gracias, lo tendré en cuenta.

Continuaron las intervenciones.

Diego, a diferencia de ocasiones anteriores en las que se le notó que inventó o *maquilló* alguna situación comercial para que pareciera que había trabajado algo su Plan de Mejora, en esta ocasión reconoció que no había practicado nada, pero sí comentó que había leído en internet varios artículos sobre el comportamiento asertivo y que le parecía muy interesante el tema.

—Estupendo Diego, entonces ahora toca llevarlo a la práctica. Verás cómo mejorarás pronto tus resultados.

—Ojalá... –apuntilló él.

Finalizada la ronda, Eduardo abrió la nueva Mesa titulada *La generosidad en la Venta* con la pregunta de rigor.

—¿Es posible ser vendedor y generoso a la vez?

Eloísa se animó a dar su opinión:

—Bueno, en nuestra empresa hay veces que tenemos detalles con clientes que no cobramos, para que nos conozcan o para fidelizarlos. Yo, al menos, lo hago. Hace poco a un cliente que me hizo un buen pedido de camisetas serigrafiadas para su convención, le regalé para su equipo directivo nueve *pendrives* espectaculares que han salido nuevos. Me interesa que los conozcan para que me los pidan en otra ocasión.

—Sí, creo que eso de alguna forma lo hacemos todos, pero no sé si eso es generosidad; ahora lo vemos. Más opiniones —añadió Eduardo.

A continuación levantó la mano Lorenzo.

—En mi caso, con los azulejos tengo difícil dar detalles. Lógicamente una caja de azulejos suelta para que los conozcan no vale para nada. Yo juego con el precio y es verdad que hay veces que no sé si soy demasiado *generoso*. Si te refieres a eso, yo respondería que se puede ser generoso pero hasta un límite.

La opinión de Lorenzo dio paso a algunos comentarios en el ámbito de la negociación, hasta que Eduardo tomó la palabra.

—Entrando de lleno en la pregunta, mi respuesta es que en la venta se puede y se debe ser generoso, pero matizándolo muy en línea con lo que habéis comentado. Me explico.

El tema parecía despertar en todos un gran interés.

—Si consultamos cualquier diccionario veremos que se define la *generosidad* como una ayuda a los demás, dando lo que tenemos sin esperar nada a cambio y, por lo tanto, se asemeja a la caridad o a la filantropía. Evidentemente, en la venta esto, así definido, no tiene cabida. Ya hemos comentado en alguna ocasión que como norma un vendedor no debe trabajar gratis, así que estaremos de acuerdo en que en la venta, como proceso general y crematísticamente hablando, no hay que ser generoso, ya que hay que cerrar el acuerdo dando nuestro producto o servicio siempre a cambio del precio acordado que, además, hay que cobrarlo. Otra cosa son las concesiones que de forma medida hace un vendedor a la hora del acuerdo, con el objetivo de conseguir otra venta aunque sea a medio o largo plazo, pero entonces se entiende que no estamos hablando de generosidad. Esto es a lo que se refería Lorenzo y, aunque parezca sólo una cuestión semántica, no sé si os convence que a esto, y a lo que hace Eloísa para que le compren en un futuro, no le llamemos generosidad.

—Sí, visto así, estoy totalmente de acuerdo —respondió Lorenzo.

—Yo hablo de otro tipo de generosidad, que estoy convencido de que en la venta sí tiene cabida y que, si se me permite la licencia, la llamaré *generosidad emocional*, para mí gran protagonista en la venta cuando la practicamos no sólo con el cliente final, sino también con todas las personas con las que nos relacionamos a lo largo de un proceso de venta. Lo argumento más.

»Según la filosofía budista, *generosidad* es la disponibilidad de alguien a compartir su abundancia, y esto es lo que precisamente veo que encaja en la venta bajo este título de *generosidad emocional.* ¿Y qué abundancia tiene un buen vendedor para compartir? Para mí, mucha; su energía vital, su optimismo, su interés por las personas, sus ganas de ayudar, de comunicarse, de resolver y hasta su sentido del humor; aspectos que entiendo que son clave en la venta y que no son para quedárselos sino para compartirlos. En definitiva, hablo de generosidad bajo la perspectiva, una vez más, de una actitud. La de desear lo mejor a las personas con las que nos relacionamos en la venta sin esperar nada a cambio, aunque en muchas ocasiones con el tiempo, y sin buscarlo, terminamos recibiendo algún tipo de contraprestación. Porque recordad que *se recoge lo que se siembra.*

Eduardo se mantuvo unos segundos en silencio buscando algún feedback del grupo y, efectivamente, Antonio levantó la mano.

—No sé si vale una situación que viví hace unos meses. Creo que encaja con lo que estamos hablando. Os cuento.

»Iba a ver a un cliente y, por un accidente que me encontré en la carretera, llegué con el tiempo muy justo a una reunión para presentar una importante campaña publicitaria con la que me jugaba gran parte del objetivo anual de mi empresa. El caso es que al llegar al parking del cliente, una valla de COMPLETO cerraba la entrada; ya no tenía tiempo para reaccionar y cuando, desesperado, ya me marchaba a tirar el coche en cualquier lugar, el vigilante de seguridad salió a mi paso, me hizo una señal de que esperara y tras quitar la valla me dijo: *aparque en la plaza ocho; es la de un directivo que hoy está de viaje*. El resultado es que llegué a tiempo a la reunión; pero, sobre todo, con el ánimo por las nubes, algo fundamental para cerrar la campaña como así ocurrió. Me da algo de pudor contarlo, pero de verdad que en las dos reuniones anteriores que tuve con el cliente lo único que yo había hecho con ese buen hombre –el vigilante de seguridad– fue saludarle siempre con una sonrisa y un día quedarme con él unos minutos charlando y valorando sinceramente su trabajo. Entiendo Eduardo que te refieres a esto.

—Exacto; mejor no sabría explicarlo. Estoy convencido de que esta *generosidad emocional* que nos cuenta Antonio influyó mucho más de lo que creemos en el cierre de la venta.

Mientras la mayoría asentía, Eduardo continuó.

—Pero todo tiene una explicación; esto no pasa porque sí. Ocurre por el denominado *Principio de Reciprocidad*, por el que cuando alguien recibe algo –sea una sonrisa, un interés por su trabajo o su familia, un favor realizado, o lo que sea– se origina en el subconsciente del otro una deuda que necesita liquidar como pueda; normalmente correspondiendo con lo que está a su alcance, como fue permitir el acceso al parking en el caso del vigilante de Antonio. Y por aquí pasamos todos. Como vendedores nuestra vida comercial está sometida a constantes fluctuaciones en *el debe y el haber* emocional con los demás. Por eso defiendo que hay que ser generoso –aunque sea sólo en lo emocional–, con ese vigilante de seguridad, con la persona de recepción, con la secretaria o secretario de tu cliente o con la persona de la limpieza que te pide en la sala de espera que levantes un momento los pies para completar bien su trabajo. Dispensar, desde la generosidad a estas personas, el mismo trato y respeto que luego con seguridad daremos a nuestro cliente, para mí es la mejor inversión emocional que podemos hacer para terminar un duro día de ventas con la sensación y satisfacción de haber hecho un buen trabajo. Si después, por añadidura y por el *Principio de Reciprocidad*, obtenemos el apoyo de estas personas facilitándonos la venta, mucho mejor. Y hablo de ser generoso, pero en el fondo yo me atrevo a decir que hay que querer a todas estas personas con las que construimos una venta. No sé si compartís esto —preguntó Eduardo.

Nadie se animaba a decir nada, pero al notar que Lorenzo sonreía con ganas de decir algo le invitó a participar.

—Lorenzo, veo que sonríes ¿qué estás pensando?... miedo me das.

—Hombre, que si el cliente es un *pibón* de mujer entonces claro que hay que quererla...

—Bueno, aunque sé que se entiende lo que digo, déjame aclarar que yo tengo mi propia escala en la relación que puede haber entre dos personas y, ciñéndonos sólo a una relación positiva –la del rechazo u odio aquí no tienen cabida–, para mí van de... —según hablaba escribió su particular escala en la tablet:

CAER BIEN-SIMPATIZAR-QUERER-AMAR-DESEAR

La materia, que sonaba algo atrevida, atraía la atención de todos.

—Entonces, cuando hablo de *Querer* me refiero a lo de antes: a tener un sentimiento de desearle lo mejor al otro, y esto, para mí, está lejos del *amar*, que yo lo dejo para relaciones más íntimas de pareja o familia, y mucho más lejos aún del *desear*, más de índole sexual que me parece que era el pensamiento de Lorenzo.

Todos, Lorenzo incluido, sonrieron.

—En definitiva lo que digo es que hay que *querer* –en este sentido que comento– a todas las personas que, de una forma u otra, están involucradas en tu labor comercial, porque una venta al final es una suma de relaciones con muchas personas. Si antes de una reunión comercial tienes un mal rollo con tu compañero, después al llegar a la empresa del cliente te encaras con el vigilante de seguridad y, finalmente, estás tenso y exigente con la persona de recepción, cuando entres a ver al cliente tu ánimo va estar para todo menos para vender. Y recordad que, por encima de muchas cosas, es el entusiasmo lo que vende, incluso cuando no lo pretendemos. A diferencia de otras profesiones, nosotros estamos en un negocio de personas. Vender es ayudar a la gente. De alguna forma vender es servir.

Javier levantó la mano mientras formulaba una pregunta:

—¿Hablas de que en una venta es importante no ser egoísta?

—Claro. Sin duda. El egoísmo no tiene cabida en un buen vendedor –otra cosa es la ambición, muy sana y necesaria en la venta– y, aunque suene algo místico, siempre he pensado que el generoso al final es muy egoísta. A la larga creo que se recibe mucho cuando tú das con la única intención de que se beneficie el otro; sea un compañero, las personas antes mencionadas, el cliente o quién sea; así que, al final, bien visto, para mí el dar resulta egoísta. Suena paradójico pero creo que es así; la generosidad es rentable. Pablo, ¿qué opinas? Te veo muy reflexivo.

—Que me llama la atención –y me gusta mucho– el enfoque que le das a las ventas. Me parece muy profundo y, de verdad, me convence.

—Me alegra. Es que tengo claro que si uno mejora como persona, mejora como vendedor. De esto estoy seguro. Y me refiero a serlo en todos los ámbitos de nuestra vida. Siempre he pensado que la mejor garantía para tener un buen equilibrio en lo profesional es tenerlo primero en lo personal. Cuando yo he tenido éxitos comerciales, y los he tenido, siempre he considerado que mi familia y mis buenos amigos de alguna manera han formado parte de esos éxitos.

Eloísa levantó la mano y Eduardo le dio la palabra.

—Adelante, Eloísa.

—Estando totalmente de acuerdo con este enfoque de mejorar como persona para ser buen profesional y, en definitiva, conseguir vender más, que es de lo que se trata en nuestro caso, si veo –quizá ya por ser más veterana– que en la venta también hay que tener a veces un poco el *colmillo retorcido*. No sé si me explico.

Eduardo respondió.

—No sé si yo le llamaría tener el *colmillo retorcido*, pero creo que te entiendo y lo comparto plenamente. Cuando hablo de ser buena persona no me refiero a ser un *alma cándida*, ese tipo de persona que de tan buena no es capaz de pedir nada a cambio, con lo que es imposible que venda. Un buen vendedor puede ser constructivo, conciliador –o incluso generoso– tanto como quiera o crea que haga falta, pero siempre debe serlo –como ya hemos visto– asertivamente, esto es, defendiendo también su postura y sus derechos, con la determinación que sea necesaria hasta provocar la venta. Siendo así, me reafirmo entonces en que se puede ser un *vendedor generoso*. Pero, por favor, dejadme insistir en que no confundamos el querer o el ser generoso con ser blando y, menos aún, una marioneta de todos.

Sonia, la nueva Sonia, levantó la mano.

—Una pregunta Eduardo.

—Adelante.

—Todo lo que llevamos visto: sentirse vendedor, proactividad, reactividad, asertividad, querer a los demás,... exige cambiar y a veces cambiar a los demás. Yo es que eso lo veo muy difícil.

—Sonia, hablas poco pero cuando abres la boca sientas cátedra. De verdad. Creo que has hecho la pregunta del millón. ¿Qué opináis? ¿Se puede cambiar?

Antonio se animó a responder:

—Yo creo que sí, pero estoy con Sonia en que es muy difícil, y cuanto mayor sea uno me imagino que más difícil todavía.

Eloísa intervino de nuevo.

—Yo con mi marido ya he tirado la toalla. Y mira que lo he intentado.

El comentario provocó algunas sonrisas.

—¿Alguna opinión más? —insistió Eduardo.

Pablo levantó la mano.

—Yo tengo un cuñado –el marido de mi hermana mayor– que siendo siempre un cascarrabias ahora no sé por qué en estos últimos años se ha vuelto encantador.

Eduardo tomó la palabra.

—Claro. Éste es un buen ejemplo para afirmar categóricamente que, aunque hay que hacer dos matices importantes, sí que se puede cambiar. En esto están de acuerdo todos los expertos. Una pregunta Pablo, ¿a tu cuñado crees que le ha cambiado tu hermana?

—No, seguro que no. Ella ya había aprendido a convivir con *el gruñón*, como ya le llamábamos todos.

—Ese es precisamente el primer matiz importante, y es que uno puede cambiar pero no se puede cambiar a nadie. Si uno no quiere cambiar, no hay quien le cambie. Querida Eloísa, siento decirte que has estado perdiendo el tiempo.

Todos sonrieron, ella la primera.

—Y esto en la venta se da mucho. Los vendedores queremos cambiar al cliente pesado, al analista, al inseguro, al prepotente, a todos; y esto es *misión imposible*. Y es que no hace falta transformar al cliente para que compre, es suficiente con influir en él para que nos elija ante otras opciones, con lo que, como mucho, podemos hablar de que cambie de opinión, pero puede hacerlo siendo igual de pesado, detallista, etc.

—¿Y cuál es el otro matiz? —preguntó Diego, también ante el asombro de todos poco acostumbrados a verle participar.

—Sí, el segundo matiz es que siempre se dice que el cambiar es bueno, pero por otro lado también se recomienda *ser uno mismo* y parece que estas dos cosas juntas no casan.

—La verdad es que no cuadra mucho. Entonces ¿hay que cambiar o no? —preguntó con mucho interés Antonio.

—Claro que se debe cambiar. El mundo está en constante cambio y exige que también las personas cambiemos a su ritmo. ¡Quién me iba a decir a mí de pequeño que hoy compraría el pan en una gasolinera! Lo que pasa es que en este proceso de cambio no hace falta pasar a ser una persona absolutamente nueva y diferente. Yo creo que eso no lo queremos nadie, ni para nosotros ni para los que nos rodean. Por eso algunos autores sustituyen *cambiar* por *mejorar* o *evolucionar*, que quizá encaja mejor con este segundo matiz.

Eduardo entonces se dirigió a Eloísa.

—Cuando hablabas de cambiar a tu marido, hablando en serio, ¿te gustaría que en el cambio te encontraras a una persona absolutamente diferente?

—No, para nada. Le quiero como es, sólo que algunas cosas me desesperan y eso es lo que me gustaría que cambiara.

—Sabes, mi consejo es que no le presiones más con lo que tú creas que debe cambiar y, como en una buena venta, sólo hazle ver los beneficios que obtendría con el cambio. Es la única forma de que él, repito él y nadie más que él, un día decida que quiere cambiar y entonces con el tiempo, cambie. Y por supuesto, sin que tenga que pasar a ser otra persona diferente, como estamos comentando.

—Suena muy bien. Lo tendré en cuenta, gracias —remató Eloísa.

—Pero mantengo una vez más que sí que se puede cambiar. Lo que pasa es que no todo el mundo está dispuesto a pagar el precio para conseguirlo porque es alto. Para ese tipo de personas es más fácil acudir al *determinismo* y decir lo de *Yo soy así...* achacándolo a excusas incluso genéticas. Es verdad que el carácter puede venir de herencia, pero sólo afecta en un porcentaje pequeño. El resto es cuestión de tomar un día una decisión. Así, sin más. Un día uno puede decir o pensar de repente ¿por qué no intentarlo? Y ponerse a ello. Ahora no recuerdo el autor pero una frase muy sabia dice que *El éxito está a la distancia de una decisión.*

—Me convence; lo que ocurre es que debe costar esfuerzo como dices y, entiendo, que también tiempo ¿verdad? —preguntó sensatamente Javier.

—Sí, claro. Pero el premio es tan grande que sin duda merece la pena el esfuerzo y el tiempo. Todo lo que cuesta mucho, cuesta tanto porque lo que alcanzas lo vale. Sin duda. Y los cambios de los que hablamos son los que más nos acercan a las ventas pero, por encima de eso, nos acercan al éxito en la vida y, si me apuráis, a la felicidad. ¿Merece la pena intentarlo?

Todos se quedaron muy pensativos pero asintiendo. Eduardo continuó.

—Hay una película que a mí siempre me ha gustado mucho porque describe muy bien el antes y el después de una persona que cambia, aunque en este caso sea de una forma dramática. Hablo de "A propósito de Henry", con Harrison Ford como protagonista. ¿Conocéis la película? Ya tiene años; se estrenó a principios de los 90.

Mientras intentaban recordarla, Antonio tomó la palabra.

—Sé que la vi. Recuerdo que a él le pasa algo grave y cambia mucho, no sé si era por un accidente de tráfico. Pero recuerdo que es muy emotiva, sobre todo la relación que tiene con su fisioterapeuta.

—Así es. Él, Henry, era un abogado de éxito, lo tenía todo, pero lo conseguía a costa de tener un carácter agresivo que le hacía ser despreciable para todo el mundo, empezando por su mujer a la que tenía olvidada y su hija, ya adolescente, a la que casi no conocía...

Luis miró con disimulo a Diego porque parecía en gran parte un calco de su historia y le vio absorto en el relato mientras tragaba saliva.

—... en el bufete donde trabajaba nadie le soportaba y su falta de ética profesional le hacía pasar por encima de cualquiera con tal de ganar el juicio y, en consecuencia, conseguir fama, poder y mucho dinero. El caso es que en un atraco recibe un tiro en la cabeza, se queda en coma, se le resetea el cerebro y vuelve a la vida –muy tocado físicamente– pero cambiado a una persona cariñosa, empática y absolutamente preocupada por los demás. Deja de ganar juicios como abogado pero gana su gran juicio en la vida, como fue recuperar a su mujer y a su hija para empezar a ser feliz, pero ya de verdad. Ya os he contado el final pero si podéis verla merece la pena.

Tras algunos comentarios más sobre el tema, rellenaron su Plan de Mejora y, después, se fueron despidiendo.

Mientras salían de la sala, Diego se acercó a Eduardo que en ese momento recogía sus papeles.

—Perdona, ¿tendrías grabada esa película; la de Harrison Ford?

—Ah claro, se me ha olvidado avisarlo. Pídesela a Alfonso; tenemos grabadas algunas películas en DVD y ésta sé que está.

—Gracias.

—De nada, espero que te guste.

Él se despidió y cuando salió de la sala Eduardo puso una sonrisa de lado a lado, a la vez que apretó el puño en señal de celebración. Diego empezaba a ser otro y para él esa era una enorme satisfacción.

Ya en la oficina Diego se hizo con el DVD de la película, después se acercó al baño y cuando ya se marchaba, al pasar por delante de los casilleros, comprobó que el suyo tenía un sobre. Le sorprendió porque recientemente no habían avisado que se hubiera repartido ninguna circular o documentación alguna y, efectivamente, no veía que hubiera sobres parecidos en los otros casilleros. Con gran expectación lo sacó, lo abrió y en él se encontró ni más ni menos que cuatro entradas para la carrera de motos que se celebraría en Montmeló el catorce de junio. Y por el precio se veía que eran buenas. Con la emoción todavía a flor de piel quiso inmediatamente ir a darle las gracias a Eduardo, pero en la oficina le dijeron que se acababa de meter en una reunión.

Pero no era cierto. Él dejó el sobre justo antes de la Mesa y, sabiendo que Diego seguramente lo cogería cuando terminaran, dejó dicho que estaría ocupado para que la alegría la compartiera primero con otros, esperando además que fuera con su mujer. Eduardo, tanto los agradecimientos como los aplausos los llevaba muy mal. Él era así.

Pero Eduardo se equivocó; siendo cierto que se emocionó muchísimo, ni al salir llamó a Inés ni después compartió su alegría con nadie. Diego también era así. Sólo le preocupaba encontrar quién quisiera acompañarles. Cada vez tenían menos amigos y encontrar compañeros de viaje en su caso no era fácil.

MENSAJES CLAVE

85. En la venta el pesimismo y el desánimo no tienen cabida. Afronta con valentía los momentos malos; ya pasarán.

86. *La locura es hacer la misma cosa una y otra vez esperando obtener diferentes resultados.* En la venta, milagros no hay.

87. Un vendedor nunca debe trabajar gratis. Nunca olvides que tu producto y, sobre todo, tu servicio tienen un coste.

88. Sé todo lo generoso que puedas, en términos de actitud, con todas las personas con las que te relaciones.

89. Recuerda el Principio de Reciprocidad: todos cuando recibimos algo deseamos corresponder con lo que esté a nuestro alcance. *Se recoge lo que se siembra.*

90. Haber dispensado el mejor trato posible a las personas que te encuentras en la venta, es el mejor balance para cerrar un duro día comercial.

91. La venta es un negocio de personas. Vender es ayudar a la gente; la generosidad emocional es rentable.

92. Si uno mejora como persona, mejora como vendedor.

93. Uno puede cambiar, pero uno no puede cambiar a otro. Es imposible.

94. *El éxito está a la distancia de una decisión.* Decide cambiar en lo que creas necesario, ponte a ello y asume pagar el esfuerzo que haga falta. El premio lo merece.

Capítulo 12

Saber que se puede

Siempre parece imposible... hasta que se hace.
Nelson Mandela

Inés, viendo pasar el tiempo y que todo sigue igual, está cada vez más preocupada y estresada. Un serio incidente, quizá el más grave que nunca han vivido Inés y Diego, unido a los impulsos positivos que él va acumulando, harán que tome una decisión; sin duda la más importante de su vida...

Finadia, viernes, 24 de abril de 2009. 14:45 h.

Al salir Luis de una reunión con su equipo que se había alargado algo, vio que tenía una llamada *perdida* de Inés. Su número no lo tenía guardado por precaución pero se lo había aprendido de memoria. En cuanto comprobó que Diego se había marchado ya al máster, le devolvió la llamada inmediatamente.

—Sí, dígame —respondió Inés. Ella tampoco tenía su número guardado. El riesgo era aún mayor.

—Soy yo. ¿Cómo estás?

—Ah, hola Luis... Pues muy mal. Desesperada —respondió ella con una voz de ultratumba.

—Pero ¿ha pasado algo nuevo con Diego?

—No, y eso es lo que me tiene destrozada. Han pasado ya casi los seis meses y sigue igual o peor que antes. Cada vez aguanto menos; estamos a bronca diaria. Desde luego si en el trabajo se comporta así le echan seguro y, que yo sepa, otra cosa no tiene y ganas de buscar, ninguna. Es increíble.

—Fíjate que yo le veo algo mejor. Desde luego más tranquilo. En nuestras reuniones de Vendo ha pasado de no hablar nada y estar como ausente a interesarse mucho por los contenidos. Yo estoy muy pendiente de él, con disimulo, y lo noto claramente. Incluso ya está interviniendo algo; cosa que antes no hacía.

—Luis, ¿de verdad que no me engañas?

—Te doy mi palabra. Sabes que cuando he tenido que darte malas noticias, lo he hecho.

—Es verdad. Pero entonces no entiendo nada. En casa ya es un auténtico desconocido. Parece que vivimos en una residencia. Ayer, por ejemplo, llegó del trabajo, cenó de forma compulsiva, tuvimos nuestro monólogo telegráfico de costumbre y se encerró en el despacho para ver algo en un DVD que traía y que me dijo que era de trabajo. Sin más. Yo me acosté y me dormí pero él debió estar hasta las tantas. Pero, ¿por qué hace eso? ¿Por qué no puede compartirlo conmigo? ¡No puedo más!

—Tranquila, Inés. La verdad es que no tengo ni idea qué puede ser lo del DVD. Sería algo del máster... pero si dijo que era de trabajo, no cuadra. Ni idea.

—Luis, te ruego entonces que hables lo antes posible en Finadia con el director comercial o con quien sea y también con Eduardo, porque así no puedo seguir y la niña tampoco. No descarto tomarme unos días de respiro en casa de mis padres. No entenderían nada pero algo se me ocurrirá.

—Tranquila, déjalo en mis manos. Voy a hablar desde luego con ellos y también con Juan, su jefe de equipo. A ver cómo le ven. Pero por favor, no te precipites. No hagas nada hasta que yo te cuente. ¿Me lo prometes?

—Vale, te lo prometo. Pero por favor no tardes en decirme algo. Me encuentro fatal.

—Ya, lo entiendo. Aguanta, que eres una mujer fuerte.

—Gracias, adiós —Inés colgó apresuradamente antes de ponerse a llorar amargamente en la soledad de su despacho.

Por la tarde, cuando Luis ya en el coche se disponía a marcharse para su casa, recordó la angustia de Inés y, aunque fuera viernes, decidió pasar primero por Vendo por si por suerte pudiera hablar personalmente con Eduardo. Al llamar a la puerta le atendió Silvia, que ya estaba sola y a punto de cerrar la oficina. Le comentó que por la tarde sólo había estado Blanca y que justo se acababa de marchar. Tras coger de nuevo su coche y salir del recinto, camino de casa, efectivamente estaba ella esperando en una parada de autobús. Paró y bajó la ventanilla:

—Hola Blanca, ¿te acerco a algún sitio?

—Ah, hola Luis, no te preocupes. Voy al dentista pero está cerca.

—Pero ¿dónde? —le insistió.

—En Guzmán el Bueno, en el ochenta. Casi en Cea Bermúdez.

—Sube que te llevo. Me pilla bien. En serio.

Ella aceptó y subió al coche.

—Mal tema el dentista ¿verdad? —le preguntó él rompiendo así el hielo.

—Sí, pero ya está terminando. Era una endodoncia que lleva tiempo dándome problemas. Parece que ya está resuelto.

—Me alegro.

—¿Y tú qué tal?

—Bueno, ahí andamos —le respondió en un tono algo derrotista, lo que hizo que Blanca entendiera enseguida que algo no andaba bien.

—Te veo algo decaído. ¿Problemas en el trabajo?

—No, en el trabajo va todo bien. Es casi más en lo personal. Llevo un semestre algo duro con muchas historias.

—Vaya, lo siento. Si puedo ayudarte...

—Sí, no me vendría nada mal un psicólogo.

—No hombre, me refiero más como amiga. Sabes que no ejerzo de psicóloga.

Luis notó que ella era muy sincera en su ofrecimiento, así que aceptó su ayuda y *disparó.*

—Es que hace sólo una semana que he roto con mi novia.

—¡Cómo lo siento Luis! ¿Llevabais mucho?

—La friolera de nueve años.

—Vaya. Tiene que ser duro.

—Sí, ahora lo estoy pasando mal pero en el fondo estoy relativamente tranquilo. Creo que la relación ya era más negativa que positiva para los dos.

Durante el recorrido siguieron hablando del tema, hasta que llegaron al portal de la clínica y tenían que despedirse. Pero antes Blanca le propuso algo:

—Luis, mañana sábado tenemos una fiesta sorpresa para una amiga nuestra que cumple treinta y dos.

—¿Sorpresa por los treinta y dos? —preguntó él con curiosidad.

—Sí, es una historia un poco larga que ya te contaré, pero podrías venirte. Somos muchos y nos lo pasamos siempre en grande. Anda, ¡venga!

—Bueno, está bien. Pero ya me dirás dónde y cómo.

—Claro, no te preocupes, te llamo y lo hablamos. ¿Vale el móvil que tenemos en Vendo?

—Sí, claro.

—Adiós, que te multan... Cuídate.

—Adiós, gracias. Igualmente.

Luis se quedó encantado con la propuesta. Llevaba días en soledad y necesitaba salir para olvidar. No iba a conocer a nadie, pero como vendedor había vivido muchas situaciones en reuniones o eventos donde iba sin conocer a nadie y eso para él no era problema.

Al día siguiente, sábado, llegaban los dos a la fiesta en el coche de Santi, al que ella le presentó como un buen amigo. Al llegar, Luis efectivamente no tuvo problema en entablar conversación con un grupo al que le presentaron, pero se moría por saber cuál era la situación de Blanca en lo referente a pareja porque aún no se había atrevido a preguntárselo. Pero los hechos le dieron la respuesta; su pareja debía ser el tal Santi porque estuvieron toda la noche entrando y saliendo del salón con una complicidad que no era normal. Así que, aunque Blanca le parecía muy atractiva y se había empezado a interesar en ella, decidió quitársela de la cabeza y, de entrada, esa noche pasarlo lo mejor posible para ir olvidando a Olga, cosa que no era fácil por lo reciente de la ruptura y los muchos años que habían estado juntos. Y así fue. Pasó una noche fantástica que le sirvió de mucha ayuda.

Finadia, martes, 28 de abril de 2009. 13:50 h.

Diego salía de impartir una formación técnica cuando le sonó el móvil. Era un teléfono desconocido del que había visto que tenía cuatro llamadas *perdidas*.

—Sí, dígame.

—Hola Diego, soy Merche, una colega de Inés —el tono de voz era un tanto apagado, lo que hizo que de entrada no le entendiera bien.

—¿Perdona? —respondió él un tanto desconcertado.

—Merche, una compañera del *curro* de tu mujer.

—Ah, dime —Inés le había hablado en más de una ocasión de ella pero, con el poco interés que ponía, no la situaba en absoluto.

—Mira *tío*, perdona que vaya al grano. Estamos en Urgencias del Ramón y Cajal con Inés. Ha tenido un accidente en el trabajo, ahora está...

Diego le interrumpió inmediatamente:

—¡¿Qué le ha pasado?!, ¡¿está bien?!

—Esperemos que sí. Pues una *movida*. Estaba descongelando unas células cuando le ha estallado en la cara el jodío bote donde estaban. Ha caído al suelo y ha perdido el conocimiento, creemos que por la caída. Lo más *chungo* parece la cara y una mano, pero tío no puedo decirte más. Me parece que en la ambulancia ha recuperado algo la consciencia. Ahora estamos aquí *al loro*.

—Voy para allá... —respondió colgando el teléfono de forma apresurada.

A nivel anímico el recorrido hasta el hospital en su coche fue durísimo. Diego no se lo desearía ni a su peor enemigo. En un instante se le reprodujeron una y otra vez en su cabeza los repetidos mensajes que había escuchado en Vendo sobre disfrutar de lo que se tiene y dar a cada cosa en la vida su verdadera importancia. Ahora, frente a lo que le pudiera pasar a Inés, se daba cuenta que todo lo vivido recientemente en Finadia –empezando por tener que vender– eran cosas que verdaderamente no tenían importancia. Y recordar lo mucho que le habían afectado siempre situaciones como que se le estropeara una corbata en el tinte o que no estuviera la carne en su punto en el restaurante de turno, ahora le hacían sentirse avergonzado. Y lo que más le retumbaba en su cabeza eran las palabras de Eduardo cuando en su primera conversación le dijo que l*as cosas se valoran cuando las pierdes*. Aunque no entraba en su cabeza la posibilidad de perder a Inés, el difícil momento le hacía valorarla y quererla más que nunca.

Cuando llegó a Urgencias se encontró con Merche y el jefe de ambas, pero aún no había noticias. Veinticinco minutos más tarde –los más duros de su vida– le llamaron para informarle. El médico primero le tranquilizó explicando que, aunque ella había sufrido un importante accidente y que aún seguía en un estado de semiinconsciencia, su vida no corría peligro. Pero después vino lo malo; tras el estallido del bote, el líquido le había quemado parte de la cara y el trauma le había producido en el ojo izquierdo un desprendimiento severo de retina afectando también de forma importante al otro. Corría mucho peligro de perder la vista total en un ojo y parcial en el otro por lo que había que operar urgentemente. El equipo de oftalmología ya se estaba preparando para ello. El médico completó su valoración explicando que también tenía una quemadura en la mano derecha, pero sin importancia ante lo preocupante de la vista y que el golpe que se debió dar en la cabeza en la caída no tuvo tampoco ninguna consecuencia importante.

Al rato le permitieron entrar al box unos minutos donde se encontraba Inés y vivió una de las escenas también más duras de su vida. Verla todavía prácticamente inconsciente, con los ojos y gran parte de la cara tapados con un inmenso vendaje del que sólo asomaba un tremendo hematoma y, aunque pareciera algo superficial, verla con ropa de hospital, le hizo estremecerse y que se le saltara una lágrima que nadie advirtió. Al salir, vivió otro gran trago como fue avisar a los padres de Inés que llegaron lo antes posible al hospital. Después ellos avisaron a su otra hija quien, tras el sobresalto de la noticia, también se dispuso a desplazarse lo antes posible desde Londres a Madrid.

La operación terminó ya entrada la noche y, aunque resultó un éxito ya que la mácula no estaba afectada en ningún ojo, el cirujano confiaba en que, si no surgían complicaciones, Inés recuperaría la vista en un porcentaje que podría llegar al setenta por ciento. Volver a recuperarla en un cien por cien, explicó que, con un accidente tan grave como el sufrido por ella era muy difícil. Además, advirtió que no sería un proceso fácil y que conseguir la máxima recuperación dependería mucho de ella misma, ya que tendría que hacer una rehabilitación bastante dura. Entre otras cosas, tendría que permanecer unas dos o tres semanas todo el tiempo que pudiera boca abajo, en la que se conoce como *la postura del monje*, algo que facilita enormemente la recuperación de la retina. El médico le comentó también que en este duro proceso el papel del entorno familiar era clave. Necesitaría mucha ayuda física pero, aún más, anímica.

Cuando por fin permitieron a Diego entrar de nuevo al box, ella estaba recuperándose de la anestesia. Con un nuevo vendaje en sus ojos –todavía más grande– intentaba decir algo pero no se le entendía bien. Él acercó su oído cuando escuchó perfectamente como repetía su nombre. Sí, de su endeble hilo de voz, Diego era la única palabra que repetía una y otra vez de forma trabada, lo que a él le hizo estremecerse aún más y, en segundos, como se venía repitiendo últimamente, hacerse muchas preguntas. Notaba una mezcla extraña de sensaciones. Por un lado estaba feliz por no haberla perdido pero, por otra parte, se sentía mal. Sí, muy mal. Siempre se había quejado a Inés de que descaradamente sólo quería a su hija y ahora resultaba que él era la persona –la única persona– con la que volvía a la consciencia tras la anestesia. En segundos entendió que él lo era todo en su vida y le correspondió con el abrazo más cariñoso que jamás le había dado. Y ella también le respondió como pudo; con una sonrisa tan cariñosa como su abrazo. Diego no recordaba un momento en el que la hubiera querido tanto.

Cuando Diego al día siguiente llamó a Finadia y comunicó a Juan lo ocurrido, éste inmediatamente le dijo que se olvidara del trabajo y que permaneciera al lado de su mujer hasta ver cómo evolucionaba. La noticia corrió por Finadia como la pólvora hasta llegar a un *corrillo* de asesores que estaban charlando, entre los que se encontraba Luis. Al oír la noticia *se quedó de piedra*, disimuló como pudo e inmediatamente se apartó hasta quedarse a solas para llamar inmediatamente a Diego. Sin muchas ganas de hablar, aún bloqueado por la dura noche vivida, Diego le contó lo ocurrido hasta que el mismo Luis, prudentemente, le evitó alargarse en la llamada y le mandó un fuerte abrazo telefónico. Le hubiera pedido que se lo diera de su parte a Inés pero, quizá por un exceso de prudencia, prefirió callarse.

Tras unos días de estancia en el hospital, Inés y Diego por fin volvieron a casa. Ella llevaba aún tapados los dos ojos y así permaneció tres días que se le hicieron eternos, hasta que le retiraron el apósito de los ojos y pudo empezar a ver algo, aunque con dificultad. Y por fin pudo reencontrarse con su pequeña Lucía, ya que hasta ese momento decidieron que permaneciera con los abuelos que, como siempre, hicieron que la niña siguiera con su vida de la forma más normal posible, incluso asistiendo puntualmente al colegio. El encuentro entre ellas fue difícil. Al principio pensaron en inventar alguna historia para hacerle el trance más llevadero pero, finalmente, le contaron la verdad en un lenguaje que ella entendió perfectamente.

Y, una vez más, los padres de Inés estuvieron a la altura de las circunstancias consiguiendo que Lucía y, en general, todo en casa siguiera lo más normalizado posible. Diego se resignó a que su suegra pasara prácticamente el día completo en su casa atendiendo a Inés, mientras el suegro asumió encantado el papel de abuelo con su nieta en exclusiva, situación que dentro del disgusto disfrutó todo lo que pudo.

Pasados unos días, el viernes 8 de mayo a las diez de la noche, como de costumbre Diego salía de la sesión de su máster de ESIC y se dirigía al coche. Lo tratado esa tarde lo había aprovechado bastante poco porque lo ocurrido con Inés le había afectado mucho y también porque, a pesar de los días trascurridos, no podía quitarse de la cabeza a Harrison Ford y su cambio de carácter en la película "A propósito de Henry", de la que no perdió detalle. Le seguía dando vueltas a que, salvando las distancias, hasta el momento del atraco la película recreaba con bastante parecido su situación y eso le remordía hasta lo más profundo. Ese abogado tan preparado como prepotente, soberbio y egoísta, era él con unos años de más. Y su ninguneada mujer así como su desconocida hija eran el vivo retrato de lo que les esperaba en poco tiempo a Inés y Lucía.

Al arrancar el coche inmediatamente se encendió la radio y cuando quiso bajar el volumen que estaba alto, sin querer le dio al botón SEEK de búsqueda automática de sintonías, quedándose la radio en una emisora de música local en la que en ese momento intervenía una oyente:

—... le quiero dedicar una canción a mi marido que está pasando ahora un mal momento laboral.

El comentario hizo que pusiera atención a la llamada.

—Claro que sí. ¿Y qué canción quieres dedicarle? –le preguntó el locutor.

—La de Diego Torres, *Color Esperanza.*

—Muchas gracias por tu llamada. Escuchamos esta bonita melodía... *Color Esperanza* de Diego Torres.

Él era Diego Torralba así que al oír su nombre casi al completo se estremeció. Estaba claro que la oyente no era Inés pero parecía que la llamada iba con él. No sólo puso más atención sino que subió aún más el volumen de la radio. A pesar de que el coche estaba ya arrancado prefirió quedarse en la soledad del aparcamiento. Eran ya las diez y veinte de la noche y en pocos minutos habían desaparecido casi todos los coches del amplio aparcamiento situado junto a ESIC. Se apoyó bien en el reposacabezas, cerró los ojos y se quedó tranquilamente escuchando al detalle la canción...

—*... las ventanas se pueden abrir, cambiar el aire, depende de ti.*

—*... SABER QUE SE PUEDE, QUERER QUE SE PUEDA...*

Cada frase de la canción, unida a la motivadora melodía del tema, le iba llegando más y más al fondo de su corazón.

—*... quitarse los miedos, sacarlos afuera...*

—*... sé que lo imposible se puede lograr...*

—*... que la tristeza algún día se irá...*

—... *la vida cambia y cambiará...*

—... *SABER QUE SE PUEDE, QUERER QUE SE PUEDA...*

El estribillo se le clavaba cada vez más y más en su mente con la fuerza del hierro candente presionando a la res cuando la marcan.

—... *SABER QUE SE PUEDE...* —se repetía él mismo en su interior.

Hay decisiones importantes en la vida como pueden ser pedir a tu pareja que se case contigo, adoptar un niño o marcharse a probar suerte a otro país; que a veces uno no recuerda bien cuando las tomó, pero otras veces, por el contrario, a uno se le queda clavado perfectamente en qué momento y lugar lo decidió. Y éste parecía que iba a ser el caso. Eduardo lo había explicado muy bien. Se cambia cuando uno un buen día lo decide y parecía que para él ese día y ese momento habían llegado.

Diego llevaba seis meses con un goteo de impulsos positivos hacia el cambio que poco a poco él mismo estaba descubriendo que necesitaba. Inés no lo estaba notando, pero a él si le estaban calando muchas de sus experiencias en Vendo, empezando por el gran ejemplo de fortaleza del mismo Eduardo en la superación de su tragedia. Pero también estaba siendo determinante el ejemplo que, día a día, en las Mesas le daban todos sus compañeros, el primero Luis. Así que, tras el susto de ver que perdía a Inés, escuchar en ese momento *Color Esperanza* era como una señal; parecía el último empujón que necesitaba para decidir iniciar el cambio que evitaría el derrumbe de toda su vida. Y así fue, en ese preciso instante decidió que quería cambiar. Ahora era él, y sólo él por propia convicción, quien quería afrontar el reto de dar un giro a su carácter y a su agria forma de encajar todo en la vida.

En los minutos que siguieron fue consciente que se enfrentaba a una muy dura prueba y que le iba a suponer un enorme esfuerzo, pero ya lo había decidido; iba a cambiar de actitud para llegar a ser algún día mejor persona y, en consecuencia, mejor Vendedor –con mayúsculas, como dice Eduardo– pensó. Aún era joven y tiempo tenía para ser el día de mañana el gran financiero que siempre había querido ser. Ahora tocaba demostrar al mundo, empezando por Inés, que él podía vender como se acababa de proponer. Y para ello se comprometía consigo mismo a lo más importante que hasta ahora había aprendido en Vendo; iba a cambiar de actitud, empezando por querer más y tratar mejor a todos los que le rodeaban.

Antes de arrancar para ir a casa, se desfogó diciendo bien alto el que pasaría a ser su grito de guerra:

—*¡SABER QUE SE PUEDE!* —en ese momento sintió una sensación de felicidad que hacía años que no vivía. Se notaba un nudo en la garganta y los ojos a punto de caramelo para soltar alguna lágrima, pero finalmente no ocurrió. Y así, feliz, arrancó hacia casa.

Durante el trayecto fue pensando cómo compartir su decisión con Inés. Por un lado el cuerpo le pedía abrazarla nada más llegar, contarle sus nuevas intenciones y asegurarle que todo iba a cambiar a partir de ahora. Pero algo le frenaba a hacerlo. Era consciente de que iba a afrontar un cambio tan importante como difícil y le daba mucho miedo defraudarla, como tantas veces había hecho en los últimos años. Aunque tenía claro que su vida necesitaba un nuevo rumbo y en ese momento ganas para afrontarlo no le faltaban, también le daba miedo que lo que acababa de vivir fuera sólo algo pasajero y fruto nada más de la gran emoción vivida al escuchar en un momento tan oportuno una canción también tan oportuna. Él sabía algo de música y era consciente de que, como terapia, la música llega a rincones del corazón donde no llegan otras vivencias y experiencias. Algo le decía entonces en su interior que lo que acababa de vivir lo tenía que madurar antes de compartirlo con nadie, Inés incluida. *Prudencia* era la palabra que ahora le venía a la cabeza.

Pero por otra parte no quería seguir destrozándola ni tampoco a su hija como durante años venía haciendo. Y también pensaba en su padre, en sus tíos de Bargas, por supuesto en Luis que tanto le había ayudado y en otras personas de su entorno, porque todos se merecían un trato muy diferente al que hasta ahora les había dado y quería empezar ya. Pero ¿cómo hacerlo? Deseaba pregonar a los cuatro vientos que se había propuesto ser también *un nuevo Henry* pero le aterraba desinflarse y volver a decepcionar a todos, empezando por Inés y Lucía. Fallarles de nuevo era algo que en ese momento le obsesionaba.

A punto de entrar en el garaje de su casa todavía inmerso en sus cavilaciones, dio con la solución a su preocupación: compartiría su decisión primero sólo con Eduardo. Era el cómplice ideal que ahora necesitaba. Al fin y al cabo era el principal *culpable* de lo que le estaba pasando. Sí, él era la persona que ahora más necesitaba a su lado. Tenía una confianza ciega en él y estaba seguro que le recomendaría lo más sensato.

Ya en casa saludó en la cocina a su suegra intentando de forma consciente no cambiar mucho su comportamiento habitual, pero al entrar al salón donde se encontraba Inés medio dormida no pudo evitar darle un beso con un cariño que ya no recordaba en el tiempo y que ella notó perfectamente. Después se dirigió al cuarto de su hija que ya dormía plácidamente y también, como pudo, le dio otro beso, para él también inolvidable y que casi le arranca una lágrima. Inmediatamente pensó *Saber que se puede.*

Finadia, lunes, 11 de mayo de 2009. 08:50 h.

Diego afrontaba su primer día de trabajo tras el importante compromiso al que se había abrazado sólo tres días antes. Estaba encendiendo aún el ordenador cuando Luis se presentó en su mesa y le dio un sentido abrazo. A Diego le sorprendió por la gran emocionalidad que le notó, pero se lo agradeció mucho. Desde el accidente todavía no habían podido verse, así que Luis desde que había llegado treinta minutos antes no había quitado la vista del puesto de trabajo de Diego esperando a que llegara. Días antes sí había llamado a Diego en un par de ocasiones más y sabía que iba todo bien, pero se moría por saber más de Inés y, aunque no se lo podía decir, también necesitaba verla. La complicidad que últimamente tenía con ella les había acercado mucho, así que el accidente le había afectado bastante más de lo que Diego se podía imaginar. Charlaron durante un rato, Luis le insinuó que le gustaría visitarla y se emplazaron a ello en la primera ocasión que Diego considerara oportuna.

Diego, puesto ya a la tarea, tras revisar sus asuntos pendientes y gestionar el correo, realizó inmediatamente una llamada.

—Vendo, buenos días.

—Hola Silvia, soy Diego.

—Ah, hola. Me alegra oírte.

—Igualmente, gracias. ¿Podría hablar con Alfonso?

—Sí claro, te paso.

—Hola Diego, buenos días. Cuéntame.

—Hola, muy buenas. Quería pedirte tutoría con Eduardo.

—Claro, déjame ver... ¿alguna preferencia de fechas?

—Bueno, lo antes posible.

—A ver... lo primero disponible sería el miércoles que viene día trece y tendría que ser a última hora; a las seis de la tarde.

—De acuerdo, allí estaré el miércoles a las seis.

Aunque dos días para hablar con él ahora le parecía una eternidad, la hora era perfecta porque a las seis ya no tendría que pedir ningún permiso a Juan, al que ya tenía muy molesto con sus ausencias.

—Ok, gracias.

—De nada. A ti. Hasta el miércoles.

Diego retomó su actividad y lo primero que hizo a continuación fue coger un post-it y, ocupando prácticamente todo su espacio, con un rotulador rojo –por aquello del corazón– escribió SQSP y lo pegó en su monitor donde mejor se veía. Eran las iniciales de *Saber Que Se Puede, su nuevo grito de guerra* –sus nuevas pilas– que nadie tenía por qué conocer. Ponerse a la vista frases o impactos motivadores –o el mismo Plan de Mejora– era algo que se aconsejaba en Vendo para cambiar comportamientos hasta adquirir nuevos hábitos y, como buen alumno, así lo hizo. Esas letras tenían que recordarle permanentemente el compromiso que se había hecho a sí mismo. Uno de los más importantes de su vida.

Ya metiéndose en faena, entre sus tareas pendientes estaba la de preparar un curso de formación que impartiría en ocho días a los asesores junior sobre un nuevo producto que se iba a empezar a comercializar pronto en la red. Miró la hora, eran casi las diez y cuando se iba a poner a ello algo le detuvo. Aunque entre sus tareas pendientes no apareciera, él sabía que para mantener su puesto, cuya continuidad se revisaría en un par de meses, su principal actividad ahora, por encima de la de formación, era la comercial. Así que apartó la carpeta *Formación* y alcanzó la de *Comercial.* Era la primera vez que le daba prioridad y él mismo se sintió bien al hacerlo. Lo comercial le daba mucho respeto, pero es cierto que para vencer el miedo a algo no hay nada mejor como pasar a la acción y afrontarlo. Eso es lo que estaba haciendo y, tras revisar un listado de potenciales clientes a los que primero tenía que localizar llamando a las centralitas y secretarías de sus empresas, tomó el teléfono y empezó a llamar.

—Hospital Sur, buenos días.

—Hola buenos días. Mire, una consulta sencilla.

—Sí, cómo no.

—Sólo quería confirmar que el doctor Juárez es el jefe de servicio de Neurología, que se encuentra en su dirección, calle Estambul treinta de Alcorcón y que éste teléfono es el adecuado para contactar con él.

—Sí, está todo correcto pero la entrada a su servicio está por la puerta que da a la Avenida de Europa. Y si toma este otro teléfono es mejor porque es directo.

—Muchas gracias...

Así siguió con sus llamadas cuando por su lado pasó Juan ensimismado con un tema que le preocupaba. Sólo cuando ya había rebasado la mesa de Diego cayó en la cuenta de haber oído que estaba llamando a algún cliente. Se dio la vuelta discretamente y, efectivamente, le escuchó perfectamente como hablaba con la secretaria de algún potencial cliente. Se sorprendió gratamente pero prefirió dejarle con su tarea.

MENSAJES CLAVE

95. La actividad comercial es una magnífica escuela para aprender a desenvolverse en todo tipo de ambientes. Aprovéchalo.

96. Céntrate. Aprende a ver la verdadera dimensión de tus problemas; no permitas que te controlen.

97. *Las ventanas se pueden abrir, cambiar el aire depende de ti.*

98. *Saber que se puede, querer que se pueda.*

99. *Sé que lo imposible se puede lograr.*

100. Recuerda que sí se puede cambiar. Sólo falta que te decidas.

101. Comienza tu cambio por querer y tratar mejor a los que te rodean. Ellos son parte importante en tus resultados.

102. La música puede ser un gran aliado para el vendedor. Aprovéchala. Llega a rincones insospechados del corazón pudiendo darte ese empujón anímico que a lo mejor necesitas.

103. Coloca a la vista frases o mensajes motivadoras. Son una magnífica herramienta para que no decaigas en tu compromiso de mejora.

104. Si algo te da miedo, no hay nada mejor como pasar a la acción y afrontarlo sin demorarlo más. Lo superarás.

Capítulo 13

Mesa 6: El Tiqui-Taca de la Venta

He fallado una y otra vez en mi vida,
por eso he conseguido el éxito.
Michael Jordan

Eduardo, ahora como mentor, ayudará a Diego en su apasionante aventura de cambio. Además, junto a sus compañeros de Mesa verá, de forma muy gráfica con un ejemplo futbolístico, que la venta es más cuestión de preparación y perseverancia que de grandes pelotazos...

Vendo, miércoles, 13 de mayo de 2009. 17:50 h.

Diego entraba puntual en el centro, sabiendo que, aunque ya llevaba casi cinco meses asistiendo regularmente a las Mesas, el momento que se disponía a vivir con esa primera tutoría iba a ser muy especial.

Y lo fue. Eduardo se había llevado una alegría inmensa cuando Alfonso le anunció el lunes su tutoría. Quizá había que estar en su piel para entender la dimensión que para él tenía una vivencia como la que estaba compartiendo con Diego. Tras su trágico accidente y la irreparable pérdida de Isabel, después de su hija Blanca, sus vendedores eran los que ahora sin duda daban sentido a su vida. Vivía su crecimiento no como un negocio sino como si se tratara de sus propios hijos, y el caso de Diego era, por lo complicado, sin duda el reto más apasionante que hasta la fecha había tenido. Y que viniera a su primera tutoría, aunque fuera cinco meses después de su llegada a Vendo, le llenaba de una inmensa satisfacción.

La tutoría, prevista inicialmente en una hora, se alargó casi hasta la hora y media. En ella Diego *se vació* con Eduardo contándole todos sus antecedentes, tanto personales como profesionales, aunque a grandes líneas él ya los conocía. Esto le originó algo de pudor pero tenía la conciencia absolutamente tranquila; lo que con Luis habían planeado, con el visto bueno de Inés, era exclusivamente por su bien y los hechos parecía que certificaban su acierto. Además, la versión que ahora daba sobre cómo había transcurrido su vida estaba mucho más alineada con el nuevo Diego que con el que llegó a regañadientes a Vendo cinco meses antes. Eduardo finalmente coincidió plenamente con él en su decisión de no decir a nadie –Inés incluida– que quería cambiar, sino demostrarlo con hechos.

Ya casi al final de su encuentro, Diego cayó en la cuenta que no habían hablado del asunto de las entradas para Montmeló:

—Por cierto Eduardo, aún no te he dado las gracias por las entradas para ir al Mundial de Motociclismo, además son cuatro.

—De nada hombre. Son un regalo de un buen amigo directivo de Repsol, como te conté. Le pedí cuatro porque pensé que un acontecimiento como éste se pasa mejor yendo dos parejas. Me imagino que para entonces Inés estará recuperada y podrá ir.

—Sí, ya estará bien para entonces. Además ahora siempre va a estar muy cuidada... ya sabes —le respondió mientras sonreía.

—Entiendo —le respondió con otra sonrisa cómplice.

—El problema, aunque no te lo creas, va estar en encontrar acompañantes aunque les regalemos las entradas. Le he dado vueltas y no sé a quién invitar.

—¿Y eso?

—Tan fácil como que en estos últimos años me he dedicado a espantar amigos y ahora ya no tenemos ninguno de confianza como para viajar juntos.

—Diego, una pregunta, ¿a Inés le gustan las motos?

—No, nada.

—Pero ¿le has preguntado entonces si quiere ir?

—La verdad es que no. Di por hecho que tenía que acompañarme. Es para matarme, ¿verdad?

—Hombre, un poco sí —le respondió mientras los dos medio se reían.

—Pero estoy convencido que querrá venir —añadió él.

—¿Seguro?

—Sí. Como te he comentado, ella me tenía que haber dejado hace tiempo. Motivos no le han faltado pero sigue ahí dándome oportunidades que no merezco. Estoy convencido que con tal de estar juntos querrá venir.

—Atiende Diego, todo lo que hemos visto en esta primera parte de las Mesas, como sabes de carácter actitudinal –nos queda sólo una para empezar con los hábitos, y las técnicas–, tienen aplicación absoluta en nuestra vida personal. Como dijimos en una de las Mesas, en la vida estamos constantemente vendiendo ideas a los demás, aunque sea sólo para elegir el vino en un restaurante, pero todo hay que hacerlo desde el enfoque *win-win* en el que ganen las dos partes. Te digo esto porque con lo del viaje a Montmeló tienes una oportunidad de oro para afrontarlo desde esta perspectiva.

—Me suena bien pero no termino de entenderte.

—Déjame que te lo aclare hablando mejor de mi caso. No es algo que haga habitualmente pero creo que tengo que corresponderte a lo mucho que has confiado en mí contándome todo lo que me has contado y, además, con tanta sinceridad.

—Vale, pero no es necesario que hables de ti si no quieres.

—No te preocupes. Lo que te quería contar es que este Eduardo que ahora conoces –creo que bastante centrado y equilibrado– no siempre fue así. Y hablo de mucho antes del accidente. Yo triunfé en las ventas porque trabajé mucho y bien, pero también tengo que reconocer que viví una época de *vacas gordas*, en la que, honestamente, muchas veces más que vender lo que ocurría era que me compraban. Aquello me hizo creerme demasiado mi valía y fui durante mucho tiempo un poco el *Diego* de antes que tú me has contado. Pero la aparición de Isabel en mi vida fue para mí como un rescate. Poco a poco y con mucha paciencia me fue limando –quizá como me cuentas que Inés ha hecho contigo–, así que yo le debo mucho a la vida comercial, la mejor escuela que he tenido, pero aún le debo mucho más a Isabel. Ella fue la que con su ejemplo me fue enseñando que en la vida de pareja uno no puede hacer siempre lo que quiera y, aún más, que muchas veces hay que hacer cosas que no quieres con tal de que la otra persona sea feliz. Como ejemplo te puedo contar que yo odiaba viajar, quizá porque ya lo hacía por trabajo y además no entendía un fin de semana sin trabajar –otro craso error–, mientras que a Isabel le encantaba salir de Madrid, aunque sólo fuera para ir a tomar un cochinillo a Segovia. Pero yo, poco a poco, empecé a aplicar con ella el *win-win* del que te hablo y terminé disfrutando viéndola feliz con sus paisajes, fotografías y monumentos que tanto le gustaban.

Tras una breve pero tensa pausa en la que tragó saliva, Eduardo continuó:

—Lo que son las cosas, su pasión era viajar y al final, como te conté, un viaje me la arrebató. Pero eso de alguna forma ahora me reconforta.

—Ya, lo entiendo —apuntó Diego.

—Lo que te quiero decir entonces es que tú en Montmeló ya tienes tu beneficio asegurado, vas a estar acompañado por tus motos y te va a sobrar el mundo, pero Inés va a hacer el esfuerzo de acompañarte y ella se merece también encontrar un valor añadido al viaje.

—¿Entonces?

—Veo que tenemos aún mucho trabajo por delante. Te quiero decir que creo que es mejor que dejes que sea ella quien elija con quién viajar y tú te adaptes a quien ella elija, aunque sean... tus suegros. Menos trabajo para ti y más felicidad para ella. Dale todas las entradas a ella y déjate llevar. Así de fácil.

—Ya veo. Tienes razón. Bueno, aunque no me importaría nada, mis suegros no querrán venir porque se quedarán felices con nuestra hija, así que no sé a quién elegirá ella. A lo mejor a Luis y Olga...

Diego y Eduardo no sabían que la pareja había roto su relación hacía un mes ya que Luis había preferido llevar su ruptura en soledad.

—Pues si Inés los elige tú tienes que ir encantado. Lo importante es que ella también disfrute ese fin de semana eligiendo a quien le apetezca... Mientras no sea un *exnovio*, claro, que tampoco hay que pasarse...

Inmediatamente volvieron a reírse.

—No, tampoco sería una solución porque la pobre sólo me ha tenido a mí como pareja. Una santa.

—Hablando más en serio, quiero que recuerdes el concepto de asertividad del que hablamos en una de las Mesas. Revisa lo que vimos porque no sería bueno que pegues un bandazo y, de ir por la vida imponiendo todo a todos –como tú mismo reconoces–, pases a hacer ahora todo lo que te digan. Mi consejo es que sigas diciendo lo que creas y sientas, como en general hacías hasta ahora, pero cambia a hacerlo de forma constructiva y buscando siempre también el bien del otro, como estamos hablando en el caso de Inés y vuestro viaje.

—Sí, me queda claro. Lo revisaré porque parece un punto importante.

—Enhorabuena Diego por la decisión que has tomado. Seguro que te va a traer muchas alegrías en todos los aspectos. Ya lo verás.

—Ojalá lo consiga y tengas razón. Quiero empezar a disfrutar de tantas cosas buenas que me ha dado la vida; pero ahora de verdad.

—Seguro.

Y así se despidieron, no sin antes Diego pedirle la máxima complicidad y confidencialidad con todo lo tratado, incluso con Luis. Eduardo se lo garantizó sin ninguna duda.

Con su equipo también estaba asegurado porque la asistencia a las tutorías era absolutamente confidencial para todos desde que un par de años atrás un vendedor se quejó –con razón– cuando todos supieron que era el único que no había asistido durante el año a ninguna. De hecho en su grupo casi todos estaban asistiendo –Luis el primero–, pero ése era el momento que nadie lo sabía, porque era algo que generalmente no se contaba. Así debía ser. Y Eduardo por su parte, a pesar de la complicidad que tuvo al inicio y que aún tenía con Luis en lo referente a Diego, una vez que él se lo había pedido, lo cumpliría a rajatabla. Ahora tocaba pasar a ser cómplice de Diego y así lo haría.

—Adiós... y recuerda *Saber que se puede* —le dijo Eduardo con una enorme sonrisa.

—*Querer que se pueda* —le respondió también él con todo el sentimiento que pudo.

El sábado 16 de mayo, Luis, animado por Diego, finalmente pudo visitar fugazmente a Inés. Se alegró muchísimo al comprobar que la recuperación iba bien y en el único momento que pudieron estar solos convinieron que sería ella la que le llamaría para retomar y ver cómo evolucionaba su gran secreto. Con todo el problema del accidente el caso de Diego había quedado en un segundo plano y ya urgía retomarlo.

Vendo. Jueves, 21 de mayo de 2009. 08:20 h.

Había trascurrido casi un mes desde la última Mesa, en el café se fueron encontrando los primeros casi como si volvieran de vacaciones y, finalmente, a las ocho y media en punto como correspondía se iniciaba la nueva Mesa, con pleno de asistencia como casi siempre era habitual.

—¿Qué tal estáis? —saludó Eduardo como de costumbre.

—¡Bien! —contestaron casi a coro.

—¿Y los deberes? ¿Quién empieza?

—Yo mismo —dijo Javier.

Era curioso pero, desde el testimonio que dio Sonia superando su timidez, los que no intervenían mucho –como era el caso de Javier– habían empezado a hacerlo.

—La verdad es que lo que quiero contar ya no sé si es de la Mesa anterior, la de *querer a todos* —se oyeron risas— o de cuál de ellas, porque creo que también tiene algo que ver con lo de la asertividad. El tema es que en la Mesa anterior, siendo principal lo de la generosidad bien entendida, también insististe, Eduardo, en que en la venta tiene que haber contraprestación, todo el proceso general de la venta se debe hacer a cambio de algo, ¿es así?

—Así es. Continúa —añadió Eduardo.

—Es que esto es algo que a mí me afectó bastante, porque en la visita médica, aunque ya no se hace, durante mucho tiempo hemos acostumbrado –mejor dicho malacostumbrado– a los médicos a recibir muchos regalos.

—Y *regalazos* —añadió Lorenzo—, lo sé por uno de mis cuñados que ha recorrido medio mundo con los laboratorios, aunque es verdad que fue hace años.

—Sí, así era antes —apuntó Javier—, pero sin llegar a tanto aún queda mucho poso de aquello y algunos médicos nos siguen pidiendo la luna si tienen ocasión. El caso es que yo ahora me veo más seguro para decirles *no*, aunque lo argumento o busco alternativas que para mí no tienen casi coste y me siento mucho mejor. Antes sufría por no poder darles todo lo que pedían y ahora es como que los estoy reeducando. Y lo bueno es que les digo *no* con alternativas, como aquí hemos aprendido, y veo que no pasa nada. Sigo con la misma o mejor relación con ellos que antes.

—¡Qué gran testimonio, Javier! Enhorabuena. Es un gran avance en tu autoconfianza. Sigue así. Adelante Diego, te toca.

—Yo, como habréis notado algunos, tengo un carácter algo fuerte y es algo que estoy intentando mejorar aplicando las herramientas y enfoques que estamos viendo aquí. El otro día perdí algo el control en una tintorería en la que me habían echado a perder una corbata que me gustaba mucho, pero sobre la marcha recordé algunos de los consejos de autocontrol que hemos ido viendo en este tiempo y me calmé en el momento. Me faltó pedirle disculpas a la buena señora que estaba aguantando mi *chapapote*, pero la próxima vez lo haré. Seguro.

—También es un gran avance. Muchas felicidades —le replicó Eduardo, a lo que él respondió con una amplia sonrisa.

Luis se quedó muy gratamente sorprendido con la intervención de Diego.

Se terminó la ronda de testimonios en la que cada vez Eduardo tenía que limitar más la participación para no agotar el tiempo. Era algo que él ya asumía con el discurrir de las Mesas y, aunque le obligara a pelearse con el reloj, al mismo tiempo le satisfacía enormemente, porque era una magnífica señal de participación y de cohesión del grupo a la vez que de cumplimiento personal con sus compromisos.

Eduardo retomó la palabra para continuar la sesión pidiendo que primero le permitieran aclarar un punto.

—Ahora vamos a entrar de lleno en el tema central de esta Mesa, pero antes dejadme que os la sitúe un poco en el contexto de todo lo que estamos trabajando a lo largo del año. Creo que es importante.

Todos asistieron y él continuó.

—En la primera Mesa habíamos convenido que la *Clave en la Venta* es una cuestión de actitud y de hábitos. Después hemos ido desarrollando el concepto de actitud en un vendedor desde distintas perspectivas, como han sido la edificación de la figura del vendedor, la proactividad, el comportamiento asertivo e incluso desde el *querer a los demás* –con sus matices– y, finalmente, incluso desde la generosidad. Ahora toca entrar ya en el campo de los hábitos, aspecto al que vamos a dedicar las Mesas que quedan de aquí a final de año, entendiendo que estos hábitos serán la consecuencia de practicar y practicar las distintas técnicas y herramientas que en Vendo consideramos eficaces a la hora de vender, y que iremos trabajando en cada sesión. Bueno, pues esta Mesa que ahora arranca veréis que, precisamente, nos va a servir de solape o tránsito entre estos dos grandes conceptos; la actitud y los hábitos. Vamos a ello. ¿A qué os suena la expresión *Tiqui-Taca*?

—Al Barça —respondió inmediatamente Lorenzo, algo sorprendido por la pregunta.

—Y a la Selección de fútbol, que se te ve mucho el plumero —, le replicó en un tono amistoso Antonio.

—Si yo soy del Atleti, ¿qué dices? Lo que pasa es que es verdad que tanto el Barça como la Selección son los que más lo practican, y ahí están los resultados.

Eduardo intervino:

—Venga, que haya paz. No se trata tanto de quién practica el *Tiqui-Taca* sino de saber en qué consiste y qué puede tener que ver con Ventas. ¿Quién se anima? A ver, los futboleros.

Pablo levantó la mano.

—La verdad es que desde que vi el título de esta Mesa hace ya meses le he estado dando vueltas a esto que preguntas y yo, que soy muy futbolero y creo que más o menos sé lo del *Tiqui-Taca*, quizá adivine por dónde van los tiros.

—Venga, atrévete. A ver cómo lo conectas con las ventas.

Pablo tomó la palabra.

—Bueno, vaya por delante que me considero un gran aficionado al fútbol pero no un gran entendido en la materia. Lo que sí sé es que el *Tiqui-Taca* en términos de resultados funciona, aunque también se le tacha de aburrido. Yo creo que puede serlo, pero mientras haya goles y se ganen títulos...

En ese momento intervino Eduardo.

—Perdona Pablo, no sé si estamos corriendo mucho, ¿todos habíamos oído alguna vez lo del *Tiqui-Taca*?

—Yo lo he oído pero no tengo ni idea porque no me va nada el fútbol— respondió Sonia.

—Pablo, ¿puedes explicarlo entonces con un poco más de detalle?—, añadió él.

En ese momento Sonia levantó la mano de nuevo.

—Eduardo, no has dicho nada del comportamiento asertivo que acabo de tener al decir que no tenía ni idea del *Tiqui-Taca*. Yo quiero un aplauso —añadió Sonia con descaro y en un tono evidente de broma que arrancó el aplauso que pedía.

Pablo retomó entonces la palabra.

—Por *Tiqui-Taca* se entiende ese estilo de juego en el fútbol que se caracteriza por una permanente posesión del balón, a base de pases cortos pero hechos con mucha destreza, consiguiendo así llevar el balón controlado prácticamente hasta dentro de la portería contraria. Es, por tanto, un estilo de juego basado en un gran equilibrio en todas las líneas del equipo, y que no descansa su éxito en que llegue un *pelotazo* –nunca mejor dicho–, como podría ser un gran tiro desde fuera del área o un gran contrataque con sólo tres grandes pases de tiralíneas antes del gol. Me cuesta recordar ahora un gran gol tanto del Barça como de nuestra Selección de disparo desde fuera del área salvo que sea una falta directa a balón parado. Al contrario, casi todos los goles marcados en estos últimos años de *Tiqui-Taca* han llegado como fruto de un gran control del balón, desde la línea de portería y defensa, pasando por la línea de medios para, finalmente, hacer un último pase magistral, y que consiga marcar el jugador en punta, situado casi siempre muy cerca del portero. Y aquí es donde a lo mejor está el paralelismo que pueda haber entre el *Tiqui-Taca* en el fútbol y la venta actual; que ahora para vender hay que perseverar mucho y hay que estar muy encima del cliente para que nos siga recordando; vamos, lo que siempre se ha llamado el *pico y pala*.

En cuanto terminó de hablar, de forma espontánea, todos le brindaron un gran aplauso.

—¡Y menos mal que no eras un entendido en la materia! —añadió Lorenzo haciendo gestos de haber quedado muy sorprendido con su explicación.

—Efectivamente, por ahí van los tiros —remató Eduardo—, pero si me permites voy a profundizar un poco más.

—Claro que sí —respondió Pablo.

—Cuando yo me inicié como vendedor me formaron en la idea de que el momento más importante en la venta era el del cierre. Recuerdo los cursos que recibía en los que me trasmitían, poco más o menos, la idea de que daba igual lo que hicieras antes siempre que después aplicaras un cierre bueno; *la balanza, los síes, el incentivo, etc*. Un buen cierre arreglaba todo lo anterior aunque hubiera sido desastroso. Y en cierto modo valía porque los clientes estaban menos informados, había más demanda y se buscaba conseguir el contrato, no tanto para tener al cliente durante años sino para dar el pelotazo a corto plazo. Si después se iba el cliente, ya vendría otro porque había muchos. Pero esto se acabó, ¿verdad?

—Ni que lo jures. Ahora cuesta mucho encontrar clientes; hay que buscarlos debajo de las piedras —intervino Antonio.

Eduardo continuó.

—Entonces, la venta de hoy –tal y como la entendemos en Vendo– debe llegar como el resultado de un minucioso y dilatado trabajo de calidad, con un gran componente relacional y hecho desde el primer contacto con el cliente, de tal forma que el cierre ahora debe ser *sólo* la culminación de todo ese buen trabajo anterior; o sea, el último disparo o empujón para que entre el balón. El gol con el *Tiqui-Taca* de la Selección empieza en Casillas e, igualmente, siempre he pensado que en la venta el cierre comienza con el primer contacto, sea una llamada, un correo o el primer apretón de manos con el cliente potencial.

Parecía que el símil ilustraba muy bien la idea porque todos asentían demostrando su acuerdo.

—Pero sigo. El *Tiqui-Taca* exige entonces –como bien explica Pablo– una permanente posesión del balón a base de pases cortos bien ejecutados, lo que yo traduzco en la venta como mantener un permanente control y seguimiento del cliente a base de impactos y contactos programados, aunque sea sólo para desearle unas buenas vacaciones de verano o Navidad. Impactos mantenidos en el tiempo con gestos de este tipo, son los pases cortos que en el fútbol llevan al gol y, para mí, en la venta llevan al contrato, sobre todo por agotamiento del contrario o de la competencia según sea el caso. Es verdad que en el fútbol puede resultar aburrido pero en ventas, dando los impactos cuando correspondan, es lo que lleva al cierre. Estoy convencido.

La atención seguía siendo máxima.

—Más paralelismo. Cuando en el *Tiqui-Taca* se habla de equilibrio en todas las líneas, igualmente en la venta yo veo que el éxito pasa por el que el vendedor tenga un perfil *todoterreno* que le permita defenderse de forma equilibrada con todo tipo de clientes y en todas las fases de la venta; al teléfono, con los emails, en la entrevista de ventas, en el seguimiento posterior e incluso en la gestión de cobro si también es de su competencia. Así que tengo claro que el vendedor que quiera ganar partidos tendrá que entrenar duro para mejorar la línea de juego en la que falle y perseverar en ello hasta conseguir así dar con su particular pero equilibrado estilo *Tiqui-Taca*. Éste es el equilibrio que estoy seguro que funciona tanto en el fútbol como en la venta.

En ese momento Javier levantó la mano para intervenir.

—Es que he empezado a leerme el libro de "Los 7 hábitos..." de Covey y me parece que al final toca esta idea de entrenar duro, de estar al día, con un título que me gustó pero que ahora no recuerdo.

—Claro, es el séptimo hábito. Lo titula *Afile la sierra* y, efectivamente, entra de lleno en esto. Él habla de cuatro dimensiones; la física, la espiritual, la mental y la social/emocional.

»En definitiva, dice con mucha razón que invertimos tiempo y dinero en mantener cosas como el coche o la casa y después muchos vendedores no invertimos nada en el único instrumento con el que contamos para vivir y conseguir nuestros resultados como somos nosotros mismos. Claro que hay que afilar nuestra sierra para vender más y mejor. Y eso es una responsabilidad compartida entre nuestras empresas y nosotros mismos. Bueno, eso los autónomos lo sabéis bien, ¿verdad Eloísa?

—Cómo lo sabes. Por eso estoy aquí. O me afilo yo misma o estoy en fuera de juego... hoy nunca mejor dicho.

Tras algunas risas, Eduardo llegó al final de su idea.

—Y completo mi teoría poniendo el foco en los hábitos ya mencionados. Cuando vemos en una jugada de *Tiqui-Taca* a los jugadores realizando el enésimo pase que termina desgastando al rival, todos sabemos que detrás de ese *Tiqui-Taca* hay muchas horas de práctica y entrenamiento por parte de los jugadores; y que esta práctica repetida en el tiempo hace que, al final en el terreno de juego, todo el equipo funcione como una máquina engrasada a la que sólo hay que arrancar porque ya, de forma inconsciente, los pases salen casi solos y bien ejecutados, lo que nos lleva al concepto de hábito entendido como una buena práctica que realizamos de forma inconsciente.

»Igualmente, en la venta el vendedor debe adquirir el hábito de realizar cada día la actividad comercial que necesita para alcanzar sus objetivos; búsqueda del contacto, llamada, entrevista,... búsqueda del contacto, llamada, entrevista,... y vuelta a empezar... O sea, el *Tiqui-Taca* que, sin obsesionarse con el gol, juegan a base de pase corto adelante, pase corto hacia detrás, un intento de desmarque, una carrera por la banda para volver a atrás, otro intento por la derecha... y vuelta a empezar... es porque al final, tarde o temprano, así llega el gol y también las ventas.

»Por cierto, luego hay quien dice que hay vendedores con suerte. Es verdad que a veces *suena la flauta* y se cierra algo que uno no esperaba, pero es muy sospechoso que esos que tienen suerte sean a la vez los más perseverantes practicando el *Tiqui-Taca*. Además, ya lo dijo Voltaire: *Suerte es lo que sucede cuando la preparación y la oportunidad se encuentran y fusionan.*

»Pero, en definitiva y resumiendo, lo que propongo como *Tiqui-Taca* de la Venta es: saque del portero al pie del defensa –*buen contacto inicial*–, muchos pases cortos bien jugados –*correos, llamadas, impactos programados, detalles con el cliente, etc.* –, pase final al punta –*consecución de la entrevista de venta*– y disparo final desde una buena posición para conseguir el gol –*cierre de la venta.*

»¿Os convence?

—A mí mucho —intervino Antonio.— Yo ya peino canas y doy fe de que el *pelotazo* ya no encaja en la venta de hoy. Al final, como bien dices, la venta llega cuando menos te lo esperas, pero no por casualidad o por suerte sino, efectivamente, por el buen trabajo realizado, a veces incluso durante años. Sin duda.

—Venga, ¡todos a por el Balón de Oro! —remató Lorenzo de nuevo en tono de humor.

Eduardo apuntilló:

—Claro que sí, pero sin duda el mejor Balón de Oro que existe para un buen vendedor es el que le otorgan sus clientes cuando le contratan una y otra vez.

Finalmente completaron su Plan de mejora y se despidieron hasta la siguiente Mesa sobre Planificación Comercial que, por problemas de agenda en Vendo, se llevaría al dieciocho de junio, una semana más tarde de lo previsto inicialmente.

MENSAJES CLAVE

105. Vende siempre desde el enfoque *win-win* en el que ganen las dos partes. Así tendrás al cliente durante años.

106. La convivencia con los demás pasa por no poder hacer siempre lo que uno quiera. Asúmelo y mejorarán tus relaciones.

107. Educa a tus clientes. No siempre tienen la razón y se les puede argumentar asertivamente. Si no se hace desde el mismo inicio de la relación, después ya puede ser tarde.

108. Recuerda el concepto *Tiqui-Taca* trasladado a la venta como el mantenimiento y seguimiento del cliente a base de impactos y contactos programados en el tiempo. Como la fina lluvia que al final cala. Calará y venderás.

109. Que no te presione el cierre. En la venta consultiva debe ser sólo el resultado de un anterior, minucioso y dilatado trabajo de calidad.

110. Pule tu perfil como vendedor para defenderte con equilibrio con todo tipo de cliente y en todas las fases de la venta.

111. *Afila la sierra.* Tu mejor herramienta de trabajo eres tú mismo. Cuídate.

112. No dejes nunca de realizar cada día tu actividad comercial. Ese hábito te llevará al triunfo.

113. La suerte es lo que sucede cuando convergen la preparación y la oportunidad. En la venta, como norma, la suerte no existe.

114. Diseña tu *Tiqui-Taca* personal, ponlo en marcha, persevera y seguro que llegarán las ventas.

Capítulo 14

Querer que se pueda

No hagas esperar al éxito. Búscalo ahora.
Dennis Waitley

Por fin, Inés observa sorprendida y emocionada los cambios en Diego y hasta él mismo empezará a comprobar que llegan los resultados. Pero Diego va a más; sabe que tiene que comprometerse con su decisión y, además, por escrito...

—¿Luis?

—Sí, soy yo.

—Hola, soy Inés.

Eran las siete y media de la tarde del lunes 1 de junio. Ella acababa de dejar a Diego en la peluquería, así que vio el cielo abierto para llamarle.

—Perdona, ¿puedes hablar?—, su tono transmitía cierta ansiedad.

—Sí, tranquila. Me alegra un montón escucharte, pero... ¿pasa algo?, ¿algún problema con Diego?

Luis de inmediato pensó en él. Le veía algo más integrado en Vendo pero en Finadia no tanto, aunque la última vez que pudo hablar con Juan, su jefe de equipo, no le pintó tan mal el panorama. Pero con Eduardo aún no había podido hablar. Lo haría al día siguiente que tenía prevista una tutoría.

—No, no pasa nada; al revés. ¿Has hablado tú con alguien?—, le respondió ella en un tono algo alterado.

—Sólo con su jefe de equipo.

—¿Y?

—La verdad es que ahora no habla tan mal de él, pero le ve con pocas posibilidades de seguir en julio.

—¿Y hace cuánto que hablasteis?

—Como una semana, pero... ¿qué pasa Inés?

—¡Que yo también le estoy notando cambios! Y en cosas que hasta hace poco me parecían impensables.

—Cambios... ¿pero positivos?

—¡Sí! A ver, él sigue siendo el mismo de siempre; el jueves pasado, por ejemplo, montó un *numerito* de los suyos en Correos pero, aunque se enfadó mucho, le vi más moderado que de costumbre. Además, otro cambio que para mí es muy importante, es que ahora cuando puede me pide acompañarme donde sea...

—Inés, ¡cómo me alegro!

—Pero espera. El *no va más* es que en unos diez días nos vamos al campeonato de motos de Barcelona, tenemos dos entradas de más y me ha dicho que invite yo a quién quiera. Esto es nuevo en él. Es increíble. ¿Sabes si es que ha pasado algo?

—No, que yo sepa no.

—¿Y en lo de los vendedores?

—¿En Vendo?

—Eso, perdona. No me acordaba del nombre.

—Pues que yo sepa, lo único que te conté. Que ha intervenido en un par de ocasiones, cosa que antes no hacía. No sé... pero con Eduardo hablaré mañana.

—¿Luis no podrías llamarle ahora? Aún no son las ocho de la tarde. Por favor, necesito saber qué pasa.

—Vale. No me hace mucha gracia molestarle ahora, pero... venga, le llamo y te llamo después.

—¡No, no lo hagas! En un rato me junto otra vez con él. Te llamo yo cuando pueda.

—Entendido. A ver si lo consigo.

—Gracias, adiós.

A Luis lo que le contaba ella no le cuadraba mucho. En Finadia, Juan seguía con dudas de que en julio le renovasen. Y en Vendo, efectivamente, él notaba cambios pero no justificaban tanta euforia por parte de Inés. Al revés, su entusiasmo le dejó muy preocupado al pensar que igual Diego estaba preparando el camino para una separación lo más amistosa posible. Algo pasaba y con él todo podía ocurrir. A ver si Eduardo lo sabía.

—Sí, dígame.

—Hola Eduardo, perdona la hora, soy Luis Rivas, del Grupo 2.

—Ya, te reconozco perfectamente. Cuéntame.

—No sé si te pillo mal... los móviles son muy puñeteros y ya es un poco tarde para llamarte.

—Luis, que te conozco. Al grano. Si me llamas me imagino que me necesitas. No te preocupes.

—Vale, gracias. Es que te quería preguntar por Diego.

—¿Le pasa algo? —De entrada se preocupó porque la pregunta le sonó a que no estaba localizable.

—No, nada en concreto. Es que me acaba de llamar Inés, su mujer, muy emocionada porque en estos últimos días le está notando cambios muy positivos y quería saber si pasaba algo importante que lo justificara.

—No tengo ni idea, pero me alegra muchísimo oírlo —Eduardo cumplía así su compromiso de confidencialidad con Diego.

—Entonces me quedo como estaba. También contentísimo por lo que cuenta ella pero... no sé, algo preocupado porque ahora vaya todo tan rápido. ¿No te sorprende?

—Nada en absoluto. Estate tranquilo y por favor transmítele a su mujer que va todo bien. Sin duda.

—Pero... ¿cómo puedes estar tan seguro?

—Porque son muchos años ya en esto. Confiad en mí. No me equivoco. Insisto, todo va bien.

Eduardo estaba aprovechando la información privilegiada que tenía porque entendía que, sin necesidad de desvelarla, la podía utilizar para tranquilizar a Luis y a Inés.

—Hombre, pues me quedo más tranquilo. Se lo digo así a ella. Gracias por todo.

Cuando iba a pedirle de nuevo perdón por la hora, se mordió la lengua.

—Gracias a ti por las buenas noticias que me das de Diego.

Cuando colgaron, Eduardo se quedó feliz: lo planeado empezaba a funcionar. Y Luis, por su parte, se quedó también deseando llamar cuanto antes a Inés para trasmitirle la tranquilidad de Eduardo ante el nuevo comportamiento de Diego, pero tenía que esperar a que ella lo hiciera.

A los veinte minutos, cuando aparcaba en su casa, sonó el teléfono.

—¿Sí?

—Soy Inés, cuéntame.

—He dado con él, no sabe que haya pasado nada en concreto con Diego pero, con una seguridad absoluta, me dice que estemos tranquilos, que lo que está ocurriendo podía pasar.

—¡Qué alivio oírlo! De verdad que últimamente me está sorprendiendo mucho. Sin ir más lejos, hace un rato. Hemos recogido a mi hija de casa de mis padres, le he comentado que teníamos que pasar a hacer algo de compra para la cena y me ha propuesto ir subiendo él para ir poniéndole el pijama a la niña. De verdad que esto no lo hacía desde hace años.

—Ya te digo que él cree que esto es algo que puede pasar.

—¡Qué alegrón me das! De Eduardo siempre habláis muy bien, así que espero que no se equivoque.

—No, esperemos que no.

Su respuesta fue algo tibia. Curiosamente, aunque él era su gran valedor, ahora tenía miedo de que se equivocara, que creara en Inés falsas expectativas y que luego la caída para ella fuera peor. Pero ya no podía hacer más salvo esperar acontecimientos, así que mentalmente volvió a confiar en Eduardo. No le quedaba otra. Inmediatamente le vino a la cabeza la frase *Coopere con lo inevitable*, la que tantas veces le había tranquilizado en situaciones como ésta.

Cuando ya iban a colgar, ella se acordó de algo.

—Oye Luis, antes cuando te he contado lo del viaje a Barcelona a lo de las motos, con la emoción no te he pedido que seáis vosotros, Olga y tú, los que os vengáis con nosotros. Nos encantaría.

—Ah, ¿nosotros? —respondió él un tanto descolocado.

—No... *mi tía*. Pues claro, Olga y tú. ¿Quién si no?

En ese momento, cuando ya iba a inventar la enésima excusa de que Olga no podía como siempre había hecho, le vino un arrebato de transparencia:

—Mira Inés, es que Olga y yo lo hemos dejado.

—¿Que habéis cortado?

—Sí, hace ya más de un mes. He preferido no contar nada.

—¿Y cómo estás?

—La verdad que muy tocado. Ha sido mucho tiempo juntos.

—Luis, ¡cómo lo siento! Sobra que te diga que si te puedo ayudar en algo, como tú siempre haces con nosotros, dímelo sin dudarlo. ¿Quieres que se lo cuente a Diego?

—Inés, ¿y cómo le vas a explicar que te has enterado?

Sobre la marcha ella se dio cuenta de la barbaridad que había preguntado y de forma natural los dos se rieron abiertamente. Tanta tensión tenía que salir por algún sitio.

—Adiós, cuídate. Y acuérdate Luis que tú vales mucho.

—Gracias Inés. Me alegra habértelo contado.

Finadia, martes 2 de junio de 2009. 11:35 h.

—Juan, si te parece en diez minutos nos vamos. La reunión es a las doce y media. Prefiero que vayamos con tiempo. Me da miedo atravesar el centro de Madrid a esas horas.

—Perfecto. En diez minutos en la puerta.

Diego apagó el ordenador tras imprimir los datos de la ficha del cliente al que iban a visitar y que acaba de repasar concienzudamente. Después la incorporó en su carpeta y revisó que llevaba el bloc corporativo de Finadia y un bolígrafo para tomar notas, así como el dossier que entregaría al cliente al final de la reunión. Todo en orden.

Ya en el coche revisaron la situación.

—Juan te cuento, se trata del director de compras de...

Durante unos minutos le pormenorizó todos los detalles referentes al cliente. Tenía datos de sobra ya que al revisar su perfil en LinkedIn comprobó que trabajó con el mismo cargo en la empresa en la que ahora estaba un buen amigo de la universidad y, tras llamarle, le contó algunos aspectos que le podrían ayudar en la reunión.

—Buen trabajo, Diego. Esto tiene muy buen aspecto.

—Juan, aprovecho para contarte –preguntarte, mejor dicho– que estoy pensando dirigirme al colectivo de coleccionistas de obras de arte. Un tío de mi mujer está bien relacionado con ese mundo y el otro día en una comida me comentó que podría ayudarme. No sé qué te parece porque, a priori, creo que no es el típico gremio como el de los médicos o abogados al que generalmente apuntamos todos.

—Sé que algún asesor ya tiene algún cliente en ese mundo, pero hay sitio para todos y tienes razón que no es el colectivo más tocado. Me parece muy buena iniciativa. Por cierto, ahora que lo comentas, ¿qué pasó con el cirujano muy interesado en aquella importante inversión?

—Al final siguió con su sobrino. No muy convencido pero bueno, él se lo pierde. Ya volverá.

—Buen encaje. Diego, como ya te dije el otro día, cada vez me gusta más cómo estás trabajando. De verdad te lo digo.

—Muchas gracias. Me alegra mucho oírlo. Más vale tarde que nunca... ¿verdad?

Tras el comentario se rieron mostrando los dos una enorme satisfacción.

El éxito en una venta, según algunos autores, depende en un 80% de su preparación. Esta visita comercial estaba muy preparada y, además, los dos llegaron con una muy buena actitud, así que completaron un gran trabajo cerrando ya varias vías de negocio. Diego salió muy reforzado porque, a diferencia de otras entrevistas comerciales, ésta la había generado y preparado él, e incluso la reunión por primera vez la había liderado también él; Juan intervino en algún momento pero sólo para reforzar algún aspecto. En términos de autoestima ganó muchos enteros; empezaba a comprobar que *si se quiere, se puede.*

Ya por la tarde, una vez en la oficina, reflexionando sobre todo lo que le estaba ocurriendo, Diego vio claro que todas sus buenas intenciones no valdrían para nada si no se marcaba un plan de trabajo por escrito, en línea a los consejos que siempre le habían dado en Finadia –que por cierto, nunca atendió– y que después tanto se reforzaron en Vendo. Necesitaba planificarse. Miró la hora y decidió dedicar lo que quedaba de tarde a poner en marcha su maquinaria comercial. Por primera vez se veía con fuerza y con muchas ganas para ponerse a vender, pero ahora con *cabeza.*

Puesto a la tarea, lo primero que hizo fue revisar su objetivo de ventas anual y el mensual de junio que ya tenía marcado, y analizar qué actividad comercial tendría que hacer para conseguirlos. Rápidamente entendió que para esta materia necesitaba la ayuda de Juan, así que le llamó y quedaron en revisarlo todo a primera hora del día siguiente. A pesar de contar ya con su ayuda prefirió anticiparse proactivamente y presentarle ya un borrador de plan de acción en el que metió su compromiso de llamadas y visitas mensuales y, para lo que quedaba de año, una serie de impactos programados a clientes, como correos informativos, invitaciones a conferencias y a desayunos de trabajo que Finadia organizaba. Tenía que activar su personal *Tiqui-Taca de la Venta* para que pronto llegaran sus *goles*. Al profundizar en el tema recordó que en alguna Mesa se habló de *ratios de eficacia*, algo fundamental para hilar objetivos con actividad comercial; así que tomó nota en su agenda para cerrar una tutoría con Eduardo y reforzarlo con él.

En cuanto a lo trabajado en Vendo, también tenía la intención de poner todo un poco en orden. Con mucho detenimiento fue revisando su documentación con los contenidos y mensajes clave de las seis Mesas a las que había asistido y, bolígrafo en mano, se fue creando una plantilla que le sirviera a la vez de resumen y de Plan de Acción.

Pero no era fácil. Ya el mismo Eduardo les había avisado que, al tratarse de Mesas de corte muy actitudinal, les costaría marcarse objetivos con acciones medibles, concretas y retadoras con las que llevar a la práctica los conceptos tratados. Pero lo iba a intentar creándose otro borrador que después también revisaría, en este caso con Eduardo en una tutoría.

Al final completó un cuadro:

Nº	MESA	CONTENIDO PRINCIPAL	MI PLAN DE ACCIÓN
1	La Clave de la Venta	Una cuestión de Actitud y Hábitos	• Asistir a una tutoría mensual en Vendo • Planificación Comercial mensual con Juan

Nº	MESA	CONTENIDO PRINCIPAL	MI PLAN DE ACCIÓN
2	Soy Vendedor	Creérselo y estar orgulloso de ello	• Leer un libro de vendedores de éxito al trimestre • 1 visita comercial semanal con un vendedor veterano
3	¿Proactivi... qué?	Hacerme responsable de lo que me suceda superando las circunstancias	• Analizar al mes mis círculos de Influencia y Preocupaciones para reducir en lo posible lo segundo • Detectar a la semana 3 situaciones difíciles en las que consigo controlarme
4	Querido Cliente, hoy no	Comportamiento Asertivo	• Identificar a la semana 3 situaciones en las que me muestro como soy, pero respetando siempre al otro • Trabajar cada semana uno de los "Derechos Asertivos"
5	La generosidad en la Venta	Desear todo lo mejor a todas las personas con las que me relaciono en una Venta	• Identificar y tener cada semana un buen detalle con un cliente interno de Finadia • A la semana aprenderme el nombre y llegar a conocer alguna circunstancia personal o profesional de 3 personas en funciones de assistant con los clientes.
6	El Tiqui-Taca de la Venta	Cuidar mucho el primer contacto con el cliente y planificar impactos en el tiempo para que siempre me recuerde	• Identificar 3 situaciones mensuales en las que en una primera visita consigo sorprender al cliente con algo (un detalle, una información que he obtenido, una referencia, etc.) • Plan de impactos anuales (a tratar con Juan)

Ésta sería su primera hoja de ruta para seguir mejorando su actitud. Eran muchos compromisos pero entendió que tendría que ir poniéndolos en práctica progresivamente. Estaba deseando verlo con Eduardo para corregir lo que fuera necesario y empezar cuanto antes *sus deberes*.

Al terminar se dio cuenta que habían pasado cerca de dos horas y que ya no quedaba casi nadie en la oficina. Dos horas en las que no había realizado ni llamadas ni visitas comerciales, pero que las dio por muy bien empleadas.

A esto en Vendo, de forma muy gráfica, le llamaban *La entrada en boxes*, algo que, según Eduardo, los vendedores hacen poco y que a la larga se paga. Él decía que los vendedores periódicamente tiene que salir de la carrera y, ya en boxes, revisar objetivos, planificar nuevas acciones, formarse, etc.; algo que no siempre se hace y, en épocas difíciles, menos. Parece que si no estás llamando o visitando clientes no estás vendiendo y eso –decía– *es un craso error*.

Inmediatamente le vino a la cabeza una frase muy sabia: *Hay personas que dicen que no planifican porque no tienen tiempo, cuando en realidad no tienen tiempo porque no planifican*. Él, por lo menos, era muy consciente de su importancia y ahora empezaba a hacerlo. *Poco a poco* —pensó.

Y para Diego llegó por fin el soñado fin de semana del doce al catorce de junio en Montmeló. Luis ya había hecho pública su ruptura con Olga, así que finalmente Inés le propuso que sus compañeros de viaje fueran Merche y su novio, aunque a éste aún no le conocieran. A pesar de su diferente personalidad, ella para Inés había pasado a ser, además de su colaboradora en el trabajo, también una buena amiga. Nunca olvidaría el gran apoyo que le había dado con todo lo ocurrido con el accidente. Diego, tal y como le había aconsejado Eduardo, aceptó la compañía de la pareja de muy buena gana y con esa actitud facilitó el que pasaran los cuatro un fin de semana inolvidable; para Inés porque se encontró muy recuperada, feliz junto a su marido y muy bien acompañada por ellos; para Merche y su novio porque, aunque no eran moteros, les supuso vivir una experiencia inolvidable; y para él porque ahora, por encima de estar con sus queridas motos, había descubierto otra forma de vida junto a su mujer con la que empezaba a sentirse muy feliz.

Diego, con todo lo vivido en los últimos meses y, sobre todo, con el susto del accidente de Inés, la primera lección que había aprendido era que uno tiene que tener claro cuáles son sus prioridades en la vida y, en su caso y en este orden, ahora eran Inés y su hija junto con el resto de sus familias, después Finadia y su estabilidad laboral y a continuación Vendo, un lugar al que tanto debía. Y dejaba casi en el olvido lo que antes irracionalmente siempre fueron sus únicas prioridades; las motos y, claro está, la *Play*. Aún le quedaba incorporar pronto en algún lugar privilegiado de su escala de prioridades a los amigos, pero primero tenía que ganárselos.

En lo referente a Vendo, tras mucho meditarlo y hablarlo con Inés, y ahora que se acercaba una nueva Mesa, tomó la difícil decisión de dejar de asistir a las restantes del año. Según los médicos la recuperación de ella –aun yendo bien– iba a ser larga, así que él quería estar todo lo disponible posible para tomarles el relevo a sus suegros y atender personalmente a su hija en todo lo que pudiera, empezando por llevarla por la mañana al colegio cuando fuera posible, porque había descubierto que para ella era algo muy importante. De todas formas, seguiría asistiendo a tutorías y disfrutando de las magníficas instalaciones del centro cuando las necesitara. Su decisión la habló con Eduardo y, aunque lo sintió mucho, lo comprendió perfectamente. Así que el día de la siguiente Mesa, tras dejar a su hija en el colegio, pasó por Vendo para despedirse personalmente de sus compañeros del grupo. Eran unas personas de las que había aprendido mucho y a las que estaría siempre muy agradecido.

En el último fin de semana de junio Diego asistió a la finalización de su máster GESCO en ESIC. El balance era que, gracias a su excepcional capacidad intelectual, lo había superado pero se podría decir que sin pena ni gloria. Ahora también se arrepentía muchísimo porque sabía que había asistido a un gran máster y no lo había aprovechado al máximo. Además, un máster siempre te aporta el tejer una red de contactos profesionales casi para toda la vida, pero hasta eso lo había dejado pasar. Terminaba sin haber hecho prácticamente ningún amigo. Pero aún quedaba presentar en octubre el trabajo final del máster, y eso para él suponía una nueva oportunidad para demostrar también a la Escuela y a sus compañeros que había cambiado, con lo que podría ser para todos un profesional con el que mereciera la pena colaborar en el futuro. Echaría el resto en el trabajo pendiente aplicando también su máxima, *Saber que se puede, querer que se pueda*.

Y llegó el veintidós de julio; *el día D* de la continuidad de Diego en Finadia. El comité de dirección se reunió para tratar diversos asuntos y, entre ellos, tomar una decisión sobre su situación laboral. Tras valorar muy positivamente su cambio de actitud observado últimamente –así como su excelente trabajo durante el semestre formando técnicamente a los asesores incorporados– y, sobre todo, contando con el aval de Juan, su jefe inmediato, el comité decidió mantenerle en plantilla en la misma situación laboral que el resto de compañeros.

Cuando se lo comunicaron le emocionó de forma muy especial el que le aseguraran que, aunque toda la dirección estaba muy pendiente de la recuperación de su mujer, este importante hecho no había influido en su renovación, ya que se la había ganado él con su nueva actitud y el buen trabajo comercial que ya estaba empezando a realizar. Para Diego esto fue un espaldarazo al cambio que estaba iniciando y para Inés una de las mayores satisfacciones que se llevaba en los últimos años. La noticia para ella fue, sin duda, la mejor terapia para que en lo anímico empezara a recuperarse.

El mes de agosto de ese 2009 sobre el papel tendría que haber sido para olvidar, ya que la recuperación de Inés les obligó a permanecer en Madrid con unas temperaturas que rondaron la mayoría de los días los treinta y cinco grados. Sin embargo, para ellos fue el verano de su vida. Diego se tomó en ese mes casi tres semanas de vacaciones, y estando Lucía con los abuelos en la playa para ellos esos días fueron como una nueva luna de miel, aunque la pasaran en su propia casa. Se dedicaron el uno al otro las veinticuatro horas del día, algo que ya tenían muy olvidado desde hacía años y aprovecharon para dialogar mucho, escucharse, pedirse perdón y hasta para reenamorarse. Inés le confesó cómo había ocurrido toda la *trama*, todavía con un poco de miedo a cómo pudiera tomárselo y, no sólo lo encajó muy bien –se llegó a reír en algunos momentos del relato–, sino que valoró y agradeció muchísimo todo lo que habían hecho por él los tres; Luis, Eduardo y, por supuesto, ella la primera.

MENSAJES CLAVE

115. Ayuda siempre que puedas. El *hoy por ti, mañana por mí* es muy frecuente en la venta.

116. Ríete todo lo posible. La risa tiene innumerables beneficios que son clave a la hora de vender. Entre otros, inmuniza contra la angustia, potencia la creatividad y oxigena los pulmones. A reír toca.

117. Tus buenas intenciones quedarán en nada si no te comprometes por escrito. Márcate un Plan de trabajo por escrito. Pero ya.

118. La preparación supone un 80% del éxito en la venta. No improvises tus entrevistas comerciales. Prepáralas bien.

119. Recuerda planificarte en base a tu ratio de eficacia; la cantidad de actividad comercial que necesitas hacer para alcanzar tus objetivos.

120. Pide, sin miedo, referencias y explótalas. En la venta relacional son la mejor llave para entrar en un cliente.

121. Sé creativo. Si no marcas alguna diferencia con la competencia, estás fuera. Libera tu creatividad.

122. Encaja con fortaleza las negativas de los clientes. Forman parte de la venta.

123. Periódicamente no olvides salir de la carrera y *entrar en boxes*, aunque dejes tu actividad comercial. Tu motor también necesita revisión y combustible.

124. *Hay quien dice que no planifica porque no tiene tiempo cuando en realidad no tiene tiempo porque no planifica.*

Capítulo 15

El Día del Vendedor

Juntos trabajamos, juntos compartimos, juntos soñamos... y juntos vendemos. Por eso queremos celebrar contigo éste, tu gran día.

Agaval (Moda deportiva)

Durante la celebración del Día del Vendedor, ejemplar costumbre de Vendo, Diego recibirá unos premios inesperados. Viendo acabar el año –su gran año–, le propondrá a Inés una entrañable fórmula para expresar su infinito agradecimiento...

Tras el verano, los días pasaban con una gran mejoría de Inés aunque, en términos de vista, algo más lenta de lo que a ella le gustaría, sobre todo porque le impedía reincorporarse a su trabajo en Marpha, algo que ella deseaba muchísimo. Como secuela física del accidente le quedó, además de la pérdida parcial de vista, una cicatriz en la zona del mentón derecho. Diego decía que esa cicatriz le ayudaría a valorar siempre las cosas que de verdad importan en la vida; en su caso ahora, sin duda, su familia. Y a ella le serviría también para recordar siempre la importancia de extremar las medidas de seguridad en el trabajo, a pesar de los años de experiencia o los momentos de estrés que uno pueda estar pasando.

Llegó octubre y Diego, tal y como se había comprometido, participó activamente en el trabajo final que aún tenía pendiente en ESIC consiguiendo con todo su equipo la mejor nota de todos los trabajos, y él, personalmente, el agradecimiento de todos sus compañeros que notaron claramente su cambio. Completaba así su título de experto en Marketing y Gestión Comercial, que ahora, con su nueva *vocación* como vendedor, valoraba muchísimo más que cuando lo empezó. Sabía que la formación recibida y la experiencia acumulada durante el año serían fundamentales en su futuro profesional. Y encima se llevaba el reconocimiento de todos sus compañeros. Más no podía pedir.

En cuanto a Finadia, Diego tras su renovación incrementó muchísimo su actividad comercial y poco a poco empezaron a llegar resultados, aunque fuera con sencillas operaciones. Ya estaban a principios de noviembre, con lo que tenía por delante dos meses de trabajo para cerrar el año, muy consciente de afrontar un periodo clave en el sector financiero. Tenía que *apretar*.

Echaba mucho de menos las Mesas de Vendo, pero llevaba ya su personal cuenta atrás con el poco tiempo que le quedaba para empezar un nuevo ciclo de Mesas en enero del año siguiente, con lo que estaba seguro mejoraría aún más sus resultados. Él siempre había sido en todo muy competitivo y ahora tocaba volver a serlo, demostrando que era capaz de generar más negocio que nadie. Ambición comercial ahora no le faltaba. Su nuevo enfoque y ganas de realizar actividad comercial era tal que, durante los últimos meses del año, el tener que impartir formación –como seguía haciendo– había pasado de ser su refugio y excusa para no salir a visitar clientes, a ser su quebradero de cabeza. Eran horas en las que se carcomía por dentro al no poder contactar o visitar clientes. *–Quién me viera y quién me vio–* pensaba ahora muchas veces.

Una de las lecciones que mejor aprendió Diego tras su paso por las Mesas fue la importancia de tener un buen equilibrio en lo personal para poder rendir al máximo en lo profesional. En casa ese equilibrio ya lo había conseguido, igual que con la familia de Inés a la que también había recuperado tras una emocionada conversación que tuvo con sus padres a los que pidió perdón por las consecuencias que en ellos pudiera haber tenido su comportamiento anterior; a la vez que les agradeció hasta la saciedad todo el apoyo que siempre les habían dado, sobre todo con su hija.

Pero él tenía todavía una asignatura pendiente; recuperar a su propia familia; su padre, sus tíos y su único primo. La conversación aclaratoria que debía haber tenido con sus tíos hacía años era ahora el primer paso que quería dar, pero con la intención de recuperarlos y no con la de exigirles cuentas como siempre había pensado.

Después de una llamada a su tío que le dejó muy sorprendido por inesperada y por el buen tono que le mostró, éste les invitó a comer a su casa de Bargas, acordando que fuera de forma inmediata el siguiente domingo. Para Diego ese reencuentro ahora era prioritario. Su primo no estaría, ya que su tío le explicó que llevaba dos años trabajando como vigilante de seguridad en un centro comercial de Talavera y ese fin de semana estaría de servicio.

Ese señalado domingo, a pesar de estar en pleno otoño, amaneció con el regalo de un día soleado en toda la meseta central, lo que ya presagiaba que tenían por delante una gran jornada. Con Diego al volante, se tomaron el trayecto hasta Bargas con una gran tranquilidad. Hasta en eso había cambiado. Se sabe que las personas con carácter fuerte alcanzan su *máximo exponente* en dos situaciones muy concretas: conduciendo y, en el caso de los hombres, estando en un campo de fútbol. Sin embargo, ahora Diego se tomaba la conducción de otra manera y en vez de ir avasallando a todo coche que se le pusiera por delante, en una personal y constante carrera de rally para ir a cualquier sitio, prefería paladear cada recorrido escuchando música o charlando con Inés cuando iban juntos.

Cuando llegaron la acogida por parte de sus tíos fue muy calurosa. Su casa –que Diego ya no recordaba– era la típica de pueblo, a nivel de calle con dos plantas y una pequeña huerta en su parte posterior. No era muy grande pero resultaba muy acogedora. Y la comida magnífica, como no podía ser de otra forma al ser los anfitriones unos grandes cocineros de profesión. Hasta los postres estuvieron poniéndose al día de cómo les iba en la actualidad. Después, ya más tranquilos tomando un buen café en el salón, fue cuando de forma natural entraron en el pasado de Diego, una época para él llena de lagunas. A sus tíos les dijo que necesitaba saber qué había pasado con su madre en el parto, por qué no tenía familia de ella, por qué de pequeño recordaba tan poco a su padre; en fin, quería y necesitaba saber todo lo relativo a sus primeros años de vida. Su tío, con la voz algo cascada por la edad y por su anterior dura vida de campo y asumiendo contra su voluntad el papel de su padre –la persona que debería darle esas explicaciones–, en un tono muy cálido le relató de forma muy pormenorizada, hasta donde él sabía, cómo ocurrió todo.

Les contó que su padre, un joven industrial muy trabajador que alcanzó el éxito profesional muy rápidamente, se casó pronto con su madre, su novia *de toda la vida*, a la que también en esos años le iba muy bien trabajando en una inmobiliaria. Después nació él –un hijo muy deseado– y, en contra de lo que siempre se le había contado, le desveló que su madre no murió en el parto, aunque sí muy joven. Con su cercano y peculiar acento de *hombre de pueblo*, pero con mucho tacto, le contó que ella tras dar a luz cayó en una fuerte depresión postparto, lo que a su vez la hizo recaer en una superada adicción al alcohol que tuvo durante su juventud, entrando en una espiral sin retorno que destrozó su hígado y en sólo tres años acabó con su vida. Fue todo muy rápido, aunque ellos siempre pensaron que realmente murió de tristeza al no poder disfrutar de su hijo, lo que más deseaba en la vida.

—Cuando fuiste creciendo y ya empezaste a preguntar por ella, tu padre pensó que era mejor decirte que había muerto en el paritorio —puntualizó a Diego.

Tras dejar que él se recuperara de la noticia que acababa de conocer, después les aclaró que con ella prácticamente también se fue su padre. Para intentar curarla, invirtió todos sus ahorros en el mejor programa de desintoxicación que encontró –uno que le recomendaron en Barcelona–, se dejó media vida viajando horas y horas para poder estar también con su hijo –*lo más grande que tengo*, como siempre les decía– y, tras fallecer ella, cuando poco a poco empezaba a recuperarse, le diagnosticaron un Alzheimer prematuro de carácter genético.

—Dicen que las desgracias nunca vienen solas —añadió.

El tío continuó aclarándoles que su madre tenía por familia sólo a una hermana mayor que ella, al parecer una persona muy extraña y solitaria que se desentendió del problema de su hermana, hasta el punto que ellos nunca la llegaron a conocer.

La conversación se alargó con detalles ya menores hasta un poco antes de las siete de la tarde, cuando la pareja se empezó a despedir para ir a la residencia del padre a darle un abrazo antes de salir para Madrid. Cuando ya en la puerta daban el último adiós, a Diego le surgió una última duda:

—Tío, si mi padre casi se arruinó por intentar curar a mi madre, ¿cómo pude yo seguir recibiendo dinero, incluso después de terminar la carrera?

Los tíos, se miraron entre sí y él le contestó:

—Diego, tú para nosotros siempre has sido y serás como un hijo. Ese dinero salía de nuestro trabajo en el restaurante. Te lo mandábamos como hubiéramos hecho con tu primo para que pudieras vivir y te fuera bien en la capital, como parece que así ha sido. ¡Sólo viendo la moza que te has *llevao*...!

Se fundieron en otro abrazo y se marcharon comprometiéndose con ellos a recuperar tantos años perdidos. Se iban muy impactados con lo que habían conocido, pero él a la vez tranquilo al conocer por fin la verdad de su pasado.

Mientras se dirigían al coche, Diego recordó el consejo de Eduardo en su primera conversación sobre no prejuzgar a las personas. La realidad nada tenía que ver con la idea que siempre había tenido, creyendo que sus tíos se habían aprovechado de su padre en la cuestión económica. Al revés, había descubierto en ellos unas grandes personas que siempre cuidaron de él y de su padre. Y ahora también sabía lo mucho que le quiso su padre y cuánto luchó por su madre dejándose prácticamente su vida en el empeño. También le resarcía saber lo mucho que él supuso para su madre, aunque el cruel destino se la arrebatara tan pronto. Así que volvía a Madrid emocionado y muy orgulloso de su familia, algo que jamás pensó que pudiera llegar a sentir.

Vendo. 30 de noviembre de 2009. 19:00 h.

Como en años anteriores y coincidiendo con la fecha de su fundación, el centro celebraba *El Día del Vendedor*. Era un día muy especial y muy esperado por todo el equipo porque, emulando lo que hacen en otros países del mundo –especialmente en muchos de Sudamérica–, con esta celebración querían darle a la profesión el homenaje que se merecía.

Además, en este 2009 se cumplían los primeros cinco años de vida de la empresa, con lo que en esta ocasión querían darle todavía más realce. Ese día, con todo el edificio engalanado para la ocasión, se invitó como principales protagonistas a todos los vendedores que habían formado parte de Vendo a lo largo de sus cinco años de vida, junto a sus familias y también, lógicamente, a clientes y buenos amigos *de la casa*.

A las siete de la tarde, según lo programado, empezaría la celebración en los salones de la planta baja con unas palabras de apertura y bienvenida por parte de Blanca; pero a Diego le avisó Luis que ellos, Inés y él, deberían estar unos veinte minutos antes para completar un papeleo que al parecer le faltaba a todo su Grupo. Así lo hicieron y cuando llegaron, aunque aún no había demasiados invitados, buscaron a alguno de sus compañeros de Grupo, sin suerte, hasta que por fin dieron con Luis que les llevó hasta uno de los despachos donde al parecer se completaría el trámite.

Cuando entraron les recibió todo su Grupo por sorpresa entonando a coro el popular *Porque es un muchacho excelente...* Diego e Inés se quedaron de piedra. A continuación, Luis tomó la palabra y les explicó, con la voz algo trabada por la emoción, que les habían preparado esa sorpresa para celebrar la recuperación de Inés, a la que entregaron un ramo de flores, y para animarle a él a continuar con su esfuerzo en su reorientación profesional hacia la venta.

Después Sonia, la más joven del grupo, le entregó a Diego una pequeña caja con un regalo que abrió con alguna dificultad preso de los nervios y del momento tan emotivo que estaba viviendo. Se trataba de una réplica de la estatuilla de los Óscar en cuya peana figuraba una sencilla placa que escuetamente decía: “SOY VENDEDOR”. Mientras Inés se secaba alguna lágrima, Diego sólo acertó a decirles que les guardaría de por vida en su memoria y que la estatuilla le acompañaría siempre en un lugar destacado de su puesto de trabajo. Tras dar uno a uno un abrazo de agradecimiento, se incorporaron a los salones donde en breve se iniciaba la ceremonia.

Aunque en los cuatro años anteriores fueron invitadas como oradores personas relevantes del mundo de las ventas, en esta ocasión tan especial se dio el principal protagonismo a los mismos vendedores de Vendo. Se seleccionó a cinco de ellos, uno por promoción de cada año –elegidos por ellos mismos–, siendo Lorenzo el destacado en la última promoción del 2009. En intervenciones de tan sólo quince minutos, los *elegidos* contaron su propia experiencia resaltando lo mucho que Vendo les había supuesto en su labor comercial. Todos prácticamente coincidían en que el centro les aportaba ese empujón de motivación que todo vendedor siempre necesita, a la vez que resultaba también muy enriquecedora la convivencia durante tantas horas con vendedores de sectores y circunstancias tan distintas como los que formaban generalmente los grupos de las Mesas. En las intervenciones se destacó también de forma muy especial el refuerzo personal que a todos les suponían las tutorías con Eduardo. También valoraron mucho el lujo de contar con las instalaciones del centro para entrenarse, continuar con la labor comercial o para hacer un alto en el camino durante una dura jornada de ventas.

Finalizadas las intervenciones de los vendedores que fueron muy aplaudidas, Eduardo tomó la palabra como ya había hecho en años anteriores. Aunque ya era un experto hablando en público, el protagonismo no le gustaba pero lo asumía por responsabilidad institucional.

Sin papel alguno pero con un mensaje bien interiorizado, Eduardo inició sus palabras:

Queridos vendedores, familiares, clientes, compañeros de Vendo, amigos todos...

...hace cinco años se abrían las puertas de este centro para hacer realidad un sueño que durante mucho tiempo

había ido tomando forma en mi cabeza y que, como muchos sabéis, unas duras y tristes circunstancias me empujaron a hacerlo realidad.

Para arrancar contábamos con mi incondicional defensa y firme respeto hacia la figura del vendedor, además de mi experiencia comercial, también con la gran preparación y fidelidad de mi hija Blanca, con la juventud y empuje de Silvia, más tarde con la polivalencia y profesionalidad de Alfonso, por supuesto con el saber hacer de nuestros queridos colaboradores expertos en Ventas y, sin duda, con el entusiasmo y las ganas de todos...

Sus palabras fueron inmediatamente interrumpidas por un sonoro aplauso claramente dedicado a todo el equipo de Vendo situado en ese momento cerca de Eduardo.

...pero faltaba lo más importante. Teníamos un crucero con todas las condiciones y comodidades para realizar un viaje apasionante, pero nos faltaban los pasajeros... vosotros, nuestros vendedores.

Y poco a poco fuisteis embarcando todos. Recuerdo a Carlos Molina, nuestro primer inscrito. Cuando nos comunicó su decisión lo celebramos internamente como si nos hubiera tocado la lotería. Me acuerdo como Blanca y yo nos reuníamos con él y a veces con alguno de nuestros primeros colaboradores... Cuando nos sentábamos en aquella primera mesa provisional de cuatro parecíamos más un club de mus que de vendedores...

Se oyeron inmediatamente unas risas mientras Eduardo señalaba a Carlos, presente en el acto, que correspondió levantándose para saludar a todos los invitados.

...pero aquellas primeras reuniones fueron el embrión de lo que hoy son las Mesas, actividad central del Rincón del Vendedor que tanta vida comercial nos da y tantos

buenos amigos nos regala. Y algunos por muchos años, como es el caso de Ignacio Llorente, el vendedor más veterano de Vendo, que sigue participando en todas las Mesas desde hace más de cuatro años y con el mismo entusiasmo del primer día. ¡Cómo no!, está hoy aquí presente así que os pido un fuerte aplauso para él.

Igualmente Ignacio se levantó y correspondió saludando a los presentes. Se le veía feliz.

Me ha emocionado escuchar los testimonios de satisfacción en las anteriores intervenciones de nuestros cinco destacados vendedores, magníficos representantes del resto de compañeros. Sé que sus elogios hacia esta casa son muy sinceros y no os escondo que todos nosotros –nuestro equipo– somos muy conscientes de lo mucho que Vendo os está ayudando en vuestra complicada tarea comercial de hoy. Eso da mucho sentido a nuestro trabajo, pero no quiero que hablemos de Vendo sino de vosotros, nuestros vendedores; como digo, verdaderos protagonistas de todo lo que ocurre entre estas paredes.

Y como no quiero alargarme, y mucho menos repetiros tantas cosas que hemos tratado a lo largo de estos cinco años en las Mesas y en nuestras tutorías, dejadme sólo reiteraros mis queridos Vendedores –con mayúscula como siempre digo– que os admiro y que os respeto por la labor tan necesaria que hacéis para la sociedad. El mundo está en una permanente transacción de productos y servicios y vosotros sois en esto los protagonistas de excepción, vendáis equipos electrónicos, coches, moda, asesoramiento financiero, muebles o lo que sea. Todos tenéis en Vendo nuestro total reconocimiento.

Os animo, mis queridos peregrinos, a que sigáis abrazando la profesión de vendedor con el ánimo que mos-

tráis aquí; que entréis en casa de vuestros clientes –o en su caso les recibáis– con la cabeza bien alta y convencidos de lo mucho que, seguro, podéis ayudarles; que superéis con la mejor actitud los momentos difíciles, que sin duda este trabajo también tiene; y, sobre todo, que disfrutéis de esta labor que obligatoriamente pasa por relacionarse con personas, algo que, bien gestionado, proporciona un gran enriquecimiento y mucha satisfacción, tanto en lo personal como en lo profesional.

Creedme que en vuestras caras veo altos directivos y empresarios de éxito, y además no a largo plazo porque, como ya me habéis oído decir en alguna ocasión, en las organizaciones ya no hay sitio para todo aquel que no genere negocio y con la crisis que se vislumbra mucho menos. Vosotros estáis en ello y lo que estáis aprendiendo y entrenando será ya para siempre un activo que os acompañará siempre y que, sin duda, será muy demandado en este difícil mercado de hoy. Vender hoy no es ninguna pérdida de tiempo, al revés, es una de las mejores inversiones que ahora podéis hacer.

Recordad también lo que siempre os he pedido: que, para haceros respetar como vendedor, seáis vosotros los primeros en respetaros como tal. Sentíos vendedores. Y, por favor, respetad también a todos los vendedores con los que os encontréis a lo largo de vuestra vida. Todos lo merecen.

Permitidme también rogaros a todos los que convivís con estos fenómenos –parejas, padres, familia, amigos...– que puedan encontrar en vosotros toda la comprensión hacia su profesión y también el hombro que tanto necesitan al terminar su dura jornada de trabajo. La labor comercial, tan dependiente de los resultados in-

mediatos, genera muchos ciclos anímicos en el vendedor, por lo que resulta clave recibir el apoyo y el empuje de los tuyos cuando vienen mal dadas, igual que la felicitación y el reconocimiento cuando llegan las ventas. Siempre he pensado que lo que mejor garantiza los resultados comerciales en un vendedor es contar primero con una gran estabilidad y equilibrio en lo personal, y en esto vuestro papel es fundamental. Recordadlo y recibid por anticipado mi agradecimiento por todo vuestro apoyo.

En este caso fueron los propios vendedores los que espontáneamente iniciaron un caluroso aplauso dedicado a todos sus familiares y amigos.

Y, para terminar, agradeceros a tantos clientes que veo entre nosotros toda vuestra confianza. Sabéis que sois parte muy importante de Vendo. El permanente contacto con vosotros nos hace seguir palpando la realidad del mercado, amén de lo mucho que siempre aprendemos en vuestros entrenamientos. Creedme que es un lujo contar con vosotros.

Ahora cedo la palabra a Blanca que creo nos va a contar algo... Gracias de verdad y de corazón a todos, y que nos sigamos viendo aquí cada 30 de noviembre durante muchos años. La profesión de Vendedor lo merece. Un abrazo a todos.

Un fuerte y continuado aplauso cerró la intervención de Eduardo, al que se le veía verdaderamente emocionado.

Blanca tomó después la palabra para anunciar que, coincidiendo con el quinto aniversario de Vendo, igual que se hizo también de forma excepcional en el primer aniversario, Eduardo iba a entregar a continuación un premio muy especial.

Se trataba de destacar entre todos los vendedores la mejor evolución del año en términos comerciales, premio que, aclaró, hasta ese momento se había mantenido en secreto. Blanca explicó que los méritos los estudiaba personalmente Eduardo –sin duda quien más conocía a todos los vendedores–, aunque su decisión se apoyaba en gran medida también en un test que, de forma confidencial, completaban los jefes comerciales de los vendedores que lo tuvieran y quisieran participar; así como algún colaborador, socio o incluso cliente de la empresa en el caso de vendedores autónomos.

Una vez aclarado el premio a entregar, con gran solemnidad y como si de una gala de los *Goya* se tratara, Blanca abrió un sobre y leyó:

—En este quinto aniversario de Vendo, es una enorme satisfacción anunciar que el premio a la *Mejor evolución comercial del año 2009* es para el vendedor... Jesús Rico Antúnez de la Distribuidora Alimersa.

A Jesús, vendedor ya veterano perteneciente al Grupo 1 de las Mesas, el premio le pilló absolutamente desprevenido, tanto que su mujer tuvo que asegurarle que era él el ganador e incluso empujarle para que saliera a recibir su premio y decir unas palabras. Desde luego quedó claro que, a tenor del tremendo aplauso y las muestras de cariño que recibió Jesús, el premio –un metacrilato con una preciosa placa en su interior– era muy merecido.

Pero entre el bullicio de palmas y algunos gritos de respaldo a Jesús, sólo Diego notó la mirada y sonrisa cómplice que Eduardo le dedicó desde lejos. Fue toda una señal que le llenó de una inmensa alegría. Él no necesitaba premios –bastantes había logrado durante el año–, pero si de Vendo debía tener alguno, sin duda sus mejores galardones fueron el respaldo que un rato antes le había dado su Grupo y ese gesto tan especial y oportuno que le acababa de dedicar Eduardo. Con todo eso se sentía más que reconocido y premiado.

25 de diciembre de 2009, día de Navidad.

Con el vuelco que, gracias a su cambio de actitud, había dado su vida a lo largo del 2009 que ahora terminaba, Diego quiso juntar a todas las personas que de una forma u otra habían sido protagonistas con él en la gran aventura de su cambio, porque ahora a todos los consideraba como de su familia. Para ello pensó que, si pudieran, no había mejor ocasión que juntarles en la comida del día de Navidad, idea que Inés respaldó de inmediato. Pensaron que un buen lugar para la comida sería precisamente el restaurante de sus tíos en Bargas, así que se lo propusieron; la iniciativa les emocionó y aceptaron encantados cerrando ese día el Mesón para ellos. Tras un sondeo telefónico a los *elegidos*, todos aceptaron encantados.

Ese día de Navidad habían citado a los invitados sobre la una en el restaurante, pero Diego e Inés junto con su hija llegaron algo antes por si los tíos necesitaban ayuda. Al llegar, mientras Inés se metía en faena con ellos, él se acercó a Toledo para recoger a su padre. Su tío le había insistido que podía hacerlo él, pero Diego quería recogerle personalmente porque, aunque desgraciadamente el pobre hombre ya no era consciente de lo que pasaba, ahora necesitaba aprovechar cualquier oportunidad para recuperar tanto tiempo perdido con su padre. Así lo hizo, y en cuarenta y cinco minutos estaban los dos de vuelta.

Y poco a poco fueron llegando los demás. Como magnífica representación de Finadia –la empresa a la que Diego tanto debía–, aparecieron Luis y Juan, que venía acompañado de su mujer y su hijo de cuatro años, una compañía ideal en ese día para la pequeña Lucía. Después entraron los padres de Inés, con su hermana y su novio inglés recién llegados de Londres para pasar en España las Navidades. Eduardo y su hija Blanca aparecieron con una caja de vino, un gran reserva gentileza de un bodeguero gran amigo de ellos.

En total eran diecisiete personas, incluyendo al primo al que Diego hacía mucho tiempo que no veía y que sus tíos habían situado en la comida junto a él. Soñaban con que a partir de ahora retomaran el contacto.

Tras los saludos, presentaciones correspondientes y el aperitivo de rigor en el que ya se vislumbró que iba a ser un gran encuentro, pasaron a sentarse al comedor. El espacio, perfectamente adornado de Navidad, era de lo más acogedor. Se trataba de una construcción rústica pero con todas las comodidades de un lugar que se notaba bien mantenido y con todos los detalles muy cuidados. Aunque había una buena calefacción –era diciembre y Toledo tiene un clima muy extremo– el salón contaba con una chimenea que dotaba al lugar del ambiente ideal para celebrar la comida de Navidad.

Cada uno ocupó su lugar. Los tíos –anfitriones con experiencia– habían estudiado y asignado muy bien los sitios para que todos estuvieran cómodos. Mientras cogían sus servilletas y se empezaba a servir el agua y el vino, Diego golpeó con su cuchillo un par de veces su copa vacía que sonó a modo de campanilla y, mientras se iba haciendo el silencio, se puso en pie a la vez que cogía a su pequeña Lucía en brazos para iniciar unas palabras.

—Tranquilos, sé que tenemos hambre así que prometo no enrollarme. Sólo quería deciros que hoy sin duda es uno de los días más importantes de mi vida. Por cierto, no quiero que con la emoción se me pase el agradecer a mis tíos la organización de esta comida de Navidad. Mejor sitio y mejores anfitriones, imposible.

Inmediatamente todos les aplaudieron, algo que a ellos les emocionó mucho. Él continuó.

—Hace un año escaso yo era otro... casi prefiero no recordar a ese otro Diego. Ahora me siento la persona más feliz del mundo y todos los que estáis aquí sois de alguna forma *culpables* de que lo sea. He recuperado o hecho amistades que sé que serán para siempre, como mis queridos Luis y Juan y, por supuesto, Eduardo y Blanca. Y, en lo familiar, de no contar prácticamente con padres, ahora mientras conducía venía pensando que tengo la friolera de cuatro; mi querido padre —dijo señalándole—, vosotros mis tíos, porque para mí siempre seréis mis padres y, si me lo permites y aunque sea sólo en lo profesional, tú Eduardo que has sido para mí también como un padre en todo mi proceso de cambio. Más no puedo pedir. También quiero tener ahora un emocionado recuerdo para mi querida madre que tanto sufrió y tan pronto perdí; menos mal que ahora sé que mi padre estuvo siempre a su lado...

Súbitamente le interrumpieron para dedicarles a los dos un fuerte aplauso. Diego continuó.

—He hablado de amigos y no quiero continuar sin dedicarle unas palabras al que ha demostrado ser un amigo pero con mayúscula...

Mientras terminaba la frase se giró para dirigirse a Luis:

—Jamás podré agradecerte Luis lo que has hecho por mí. Continuamente te he dado motivos para abandonarme y nunca lo has hecho. Por el contrario, has hecho buena esa frase que leí el otro día y que decía que *amigo es esa persona que te conoce bien y sin embargo te quiere.* Ojalá la vida me permita seguir disfrutando siempre de tu amistad.

Luis, muy emocionado, se acercó a darle un fuerte abrazo, para lo que contó con la colaboración de Inés que se levantó a coger a su hija de los brazos de su padre.

Tras otro caluroso aplauso, Diego retomó la palabra:

—Y quiero dar las gracias de forma muy especial a la verdadera *culpable* de que hoy estemos aquí todos juntos. Es la persona a la que ahora sé que le debo todo —en ese momento miró a Inés que la tenía a su lado.— Inés, gracias y más gracias por seguir a mi lado, aunque en muchos momentos del pasado no me lo haya merecido. Eres sin duda lo mejor que me ha pasado en la vida y lo mejor que tengo junto con Lucía, nuestro mejor regalo.

De forma espontánea todos respondieron también con un caluroso aplauso mientras ellos se daban un emocionado beso.

—Y deciros que tenemos dos noticias, una muy buena y otra mejor aún... La primera es que antes de ayer tuvimos la revisión con el oftalmólogo e Inés está recuperando más vista de lo que los médicos esperaban, además ya le han dado el alta, así que se reincorpora al trabajo en enero como ella lleva deseando desde hace tiempo. Y la segunda es que Lucía... espera un hermanito —tras el notición siguió un enorme aplauso y un gran revuelo porque algunos no se resistieron a acercarse y darles un gran abrazo a la pareja.

Sin duda fue para todos una comida de Navidad inolvidable. Tras los postres, Diego sorprendió a muchos sacando su guitarra y entonando varias canciones y villancicos, que todos cantaron a coro.

La celebración continuó cuando, en un momento dado, Eduardo y Diego charlaban tranquilamente a solas:

—Diego, te veo feliz.

—Claro, motivos ahora no me faltan —le respondió.

Pero Eduardo debió poner tal cara que le puso en alerta:

—Me parece que he dicho algo que no te convence...

—Sólo dime algo, ¿qué tienes ahora que te haga tan feliz?

—Pues a Inés, a mi hija, a mi nuevo hijo en camino, vosotros, amigos, futuro, no sé...

—Piensa algo Diego; salvo la nueva criatura –sin duda el mejor regalo del año– ¿qué o a quién no tenías antes?

—Eh... la verdad es que ya os tenía a todos...

—Claro. Déjame decirte algo, y con esto me comprometo a no darte más la *paliza* con estos temas en un día como hoy. Tú no eres ahora feliz porque tengas más cosas o más gente cerca; no, todo eso ya lo tenías antes. Las cosas ocurren al revés; uno un día decide ser feliz valorando lo que tiene alrededor como muy bien hiciste tú y es, a partir de ese momento, al disfrutar de todo lo bueno que uno ya tiene en su vida, cuando empiezan a ocurrir cosas. Así es. Las cosas han cambiado en tu cabeza porque tú lo has querido y lo has decidido. Recuerda, *somos lo que pensamos*.

—Es verdad. Así ha sido. Sabes Eduardo... con todo lo que sé de economía, jamás me imaginé que querer a los demás fuera tan rentable.

Eduardo sonrió y Diego se acercó a él para fundirse en un emocionado abrazo.

Finales de enero de 2010

—Diego, ¿has podido llamar hoy al fontanero? —le preguntó Inés en la cocina mientras daba de cenar a Lucía y él preparaba una ensalada para los dos.

—¡Anda, es verdad! Se me ha pasado totalmente. Me lo apunté pero luego me lié con el trabajo y se me olvidó por completo. Lo siento.

—Tranquilo no pasa nada, pero cuando puedas llama porque el grifo cada vez va peor.

—De todas formas este fin de semana lo vuelvo a mirar. A lo mejor puedo arreglarlo yo.

—¡Ése es mi Diego! —añadió Inés mientras le regalaba un beso—. Pero ¿ya en enero tenéis tanto trabajo?

—Sí, y que no falte. No están las cosas fáciles.

—¿Podría haber despidos?

—Con lo mal que están las cosas desde hace ya dos años, nada se puede descartar. En cualquier caso yo estoy tranquilo. Cada vez le voy cogiendo más el *tranquillo* a la labor comercial y ya empiezo a generar negocio. Este año cumplo objetivos, fijo.

—¡Qué bien Diego!, cómo me alegra verte así. Y a Luis, ¿qué tal le va con Blanca?

—Están felices, ¡qué buena pareja hacen! Ojalá funcione, se lo merecen. Ella le va a dar mucho equilibrio para afrontar su nuevo puesto como jefe de equipo.

—¡Es verdad! No me acordaba que ya le promocionaron. ¿Cómo le va con su equipo?

—Muy bien. Es un fenómeno. Y eso que hoy ser jefe no es fácil. Ahora no me cambiaba por ninguno de ellos. ¡Vamos, ni por el presidente! Tienen que tomar decisiones muy difíciles que afectan a mucha gente y a sus familias. Créeme que admiro a los directivos que tenemos ahora en Finadia. De verdad.

—Bueno, algún día tú serás uno de ellos.

—Seguro. ¡Y ministro de Economía! Por eso quiero prepararme bien para cuando me toque. Ya sabes, *saber que se puede* —a lo que ella respondió mientras salía a acostar a Lucía:

—*Querer que se pueda.*

MENSAJES CLAVE

125. Que tu veteranía en el trabajo o momentos de gran carga laboral no te hagan dejar de extremar las medidas de seguridad. La salud es lo primero.

126. No permitas que te controlen situaciones estresantes como puede ser conducir. Cambia tu conducción tipo rally por una conducción más relajada. Disfrutarás más y llegarás igual.

127. La labor que haces como vendedor, aunque no te lo digan, es admirable, muy respetable y, encima, absolutamente necesaria. No lo olvides nunca.

128. El tiempo que ahora estás dedicando a la labor comercial sin duda para ti es un activo que te abrirá muchas puertas en el futuro.

129. En tu día a día como vendedor, ojalá cuentes también con el apoyo y el reconocimiento de los tuyos en casa. Lo necesitas.

130. Ser jefe no es tan fácil como parece. Respétalos.

131. Uno no es feliz cuando le pasan cosas buenas en la vida. Es al revés. Esas cosas seguro que ya las tienes y sólo hay que empezar a valorarlas y disfrutarlas. Empieza ya si quieres triunfar.

132. Disfruta vendiendo, así llegarán los resultados y con ellos tendrás asegurado el futuro.

133. Querer a los demás, definitivamente, resulta rentable.

134. *Saber que se puede, querer que se pueda;* tus ventas y, sobre todo, tu equilibrio profesional como vendedor ahora dependen de ti. Enhorabuena.

LOS 134 IMPULSOS

1. Acepta que tu carrera laboral debe ser progresiva.

2. Cuidado; un exceso de autoconfianza puede alimentarte una peligrosa soberbia.

3. No mires nunca al vendedor por encima del hombro. Realiza una labor muy necesaria y compleja.

4. La función comercial es una magnífica oportunidad para superar una posible falta de seguridad en ti mismo.

5. Sal de tu zona cómoda. Un exceso de tiempo realizando siempre la misma función puede frenar tu progreso profesional.

6. Hay que vender. Hoy en día no hay sitio para las empresas y las personas que no generen negocio.

7. Aunque la actitud es la base para el éxito profesional, cuida también tu preparación profesional. Puede ser el valor añadido que te garantice tu futuro laboral.

8. La función de un vendedor pasa obligatoriamente por relacionarse con personas. Cuida tu carácter.

9. Nunca prejuzgues a las personas por alguna limitación física o psíquica. Podrían darte alguna lección.

10. Todo lo que sea mejorar tu formación no es un coste, es una inversión.

11. En tu labor comercial aprovecha y explota la gran información que hoy pone a tu alcance la tecnología.

12. No olvides que hoy en todas las empresas los departamentos comerciales y de atención al cliente son considerados de carácter estratégico.

13. A pesar de los importantes cambios del mercado, la filosofía de la función comercial no cambia: buscar, contactar, analizar necesidades y preocupaciones, cerrar operaciones, fidelizar y vuelta a empezar.

14. En tu gestión de clientes aprovecha también las enormes oportunidades de administración que ofrece hoy la avanzada tecnología. Tu ordenador y tu móvil pueden y deben trabajar para ti.

15. Siempre que empieces una reunión comercial acuerda con tu interlocutor el tiempo que tenéis disponible. Además de que te lo agradecerá, verás cómo optimizáis vuestro tiempo.

16. Cuando participes en una formación comercial considera que no hay profesor y alumnos sino profesionales intercambiando experiencias. Participa desde esta visión; será bueno para todos.

17. Hasta donde puedas, intenta centrar tu labor comercial en lo que más te llene. Facilitará mucho tu éxito.

18. Relaciónate en lo posible con más vendedores. Será muy enriquecedor.

19. En tu jornada comercial regala sonrisas por donde vayas; te abrirán las puertas de tus ventas.

20. Siéntete vendedor aunque no figure en tu tarjeta.

21. Analiza y define bien qué valor añadido ofrecéis tanto tú como tu empresa. Es lo único que le interesa al cliente.

22. Que no queden tus ganas de mejorar en una mera declaración de intenciones. Plásmalo por escrito en un Plan de Mejora y revísalo periódicamente. Aunque duela.

23. Sé un vendedor íntegro al aceptar tus errores; después pide disculpas sin matices. No hay mejor forma de pasar página.

24. Cuida tanto tu forma física como tu nutrición. Lo necesitas y mucho para abordar con energía tu dura jornada comercial.

25. En una negociación comercial nada es gratis y mucho menos tu trabajo. Lo que anticipes sin coste, cóbratelo cuando toque.

26. Nunca corras el riesgo de perder la confianza de tus compañeros y responsables. Es muy difícil recuperarla.

27. No desistas en tu entusiasmo aunque a veces choque con la frialdad del otro. Es su problema.

28. Entrena y entrena. Cuanto más mejor; ya vendrán los resultados. Seguro.

29. En conversaciones tensas utiliza mejor la primera persona del plural. El otro no se sentirá agredido.

30. No te guardes algo relevante que después pueda martirizarte. Atrévete a sacarlo; la venta relacional exige transparencia.

31. No olvides que los directivos deben velar por el sostenimiento de la empresa; algo que no es fácil y que a veces los vendedores no valoramos. Si no hay empresa, tampoco hay vendedores.

32. La venta continúa en casa. No trates a los tuyos como jamás tratarías a tus clientes.

33. La confianza que generas en tus clientes no te la regalan, te la ganas.

34. Afrontar y superar los obstáculos del camino, por grandes que sean, forma parte del juego de la vida. A por ellos.

35. Para que el otro te compre tu idea, antes él tiene que ver su beneficio. Entiende que es lo justo.

36. Hoy por ti, mañana por mí. Vender es ayudar y también, por supuesto, recibir.

37. Desconecta durante tus vacaciones; son tuyas y de los tuyos. Os las merecéis.

38. Al regreso, eso sí, coge pronto el ritmo de actividad comercial. Cuesta, pero es necesario.

39. Gánate la confianza y el aprecio de las personas que asisten a tus clientes. Allanarán tu camino hacia la venta.

40. Al término de cualquier entrevista comercial, aunque te cueste, dedica un tiempo a procesar y registrar toda la información recogida. En esas notas están tus futuras ventas.

41. Tergiversar la realidad y, peor aún, mentir rompen automáticamente la confianza con el cliente. No lo hagas.

42. Los vendedores manejamos mucha información. Ante la duda opta por la prudencia y la discreción. Recuerda que somos esclavos de nuestras palabras.

43. Vender exige relacionarse con personas. Entiéndelo como un regalo y disfruta con ello. Algunos clientes terminarán siendo buenos amigos.

44. Estamos en permanente cambio. Tómalo como una oportunidad y no la dejes pasar.

45. En la venta también hay ciencia. No vale todo.

46. Hay necesidades implícitas que el mismo cliente desconoce. Ayúdale a descubrirlas.

47. La Clave en la Venta es una cuestión de Actitud y Hábitos.

48. La actitud empieza por sentirte vendedor, que creas en tu empresa y tus productos y te convenzas de que no molestas sino que ayudas al cliente.

49. Tu entusiasmo es lo que vende por encima de todo.

50. Cuando no te veas con la actitud adecuada, mejor no contactes con los clientes. Es una pérdida de tiempo.

51. Si lo tienes, cambia tu comportamiento de queja y lamento por una sonrisa y una cabeza bien alta. Lo agradecerás.

52. No trabajes a impulsos. Adquiere el hábito de realizar tu actividad comercial a diario. Ya llegarán los resultados.

53. Analiza y descubre cuál es tu ratio de eficacia; la cantidad de actividad comercial que necesitas realizar para alcanzar tus objetivos. Es fundamental para poder dosificarte.

54. Hoy cuesta tanto conseguir la entrevista de venta como el cierre en la misma. Prepárate también para la prospección previa y el seguimiento posterior.

55. Tómate tu tiempo para llegar a las reuniones comerciales sin prisas, sobre todo en grandes ciudades.

56. Importante; en la venta la primera impresión cuenta y mucho. Que nada te la estropee.

57. Sustituye en tu cabeza tu objetivo de ventas por tu objetivo de actividad comercial; llamadas, entrevistas, correos,... Así tomarás el control de tu trabajo.

58. Hoy o vendemos todos o cerramos. Asume entonces tu papel de vendedor como una gran oportunidad de futuro.

59. Recuerda que tu actitud es la mejor garantía para que lleguen las ventas.

60. Un buen vendedor es un profesional muy completo en muchas facetas; algo que no está al alcance de cualquiera.

61. La labor comercial es tan digna como necesaria. Sal a comerte el mundo con la cabeza bien alta.

62. Valora la libertad de horarios y movimientos del trabajo de vendedor. Tus días nunca son iguales.

63. Trata a todo vendedor con el que te encuentres con el respeto y admiración que se merece.

64. Repite y repite: Soy vendedor.

65. No prejuzgues nunca. La situación del cliente puede ser muy diferente a la que imaginas.

66. El coche es una herramienta clave para el vendedor. Máxima prudencia; un despiste de segundos puede ser fatal.

67. Aprende a callar. Unos segundos de silencio te pueden dar toda la información que necesitas.

68. El resentimiento es uno de los grandes enemigos de las relaciones interpersonales. No permitas que te esclavice; pasa página cuanto antes.

69. Las cosas se valoran cuando las pierdes. Disfruta todo lo que tienes. Es la mejor actitud para vender.

70. Muchos vendedores no venden no porque sepan o no quieran, sino porque no se organizan bien. Revisa y mejora cómo está la gestión de tu tiempo; es clave.

71. La proactividad es la actitud de hacerse responsable de lo que nos ocurre en la vida, superando las circunstancias por difíciles que éstas sean.

72. Un vendedor tiene al alcance de su mano todas las excusas del mundo para justificar sus malos resultados. Creértelas es tu final como vendedor.

73. *Coopere con lo inevitable*. Frase muy inteligente.

74. Decide si quieres ser un vendedor proactivo responsable o un vendedor reactivo con excusas. Tú mismo.

75. El vendedor proactivo es el que afronta los problemas según surgen para darles la mejor solución posible. El "*es que*" lo sustituye por el "*hay que*".

76. Somos libres para decidir cuánto queremos que nos afecten las cosas que nos ocurren.

77. Relativiza, seguro que lo que te agobia no es para tanto.

78. Vender es también cuestión de adquirir nuevos hábitos y eso en los adultos lleva su tiempo. Pero se puede.

79. La asertividad es la capacidad de mostrarnos ante los demás como somos, sentimos y pensamos, haciéndolo en el momento oportuno y con la persona adecuada, pero siempre de forma constructiva.

80. La agresividad y la sumisión son dos conductas extremas que no tienen cabida en la venta. ¿Tienes alguna de ellas?

81. Recuerda que no siempre el comportamiento asertivo es el más adecuado; hay veces que es mejor callar. Y en la venta más.

82. Revisa los llamados Derechos Asertivos. Te ayudarán mucho a vender. Seguro.

83. La transparencia sincera se transmite al cliente. Aunque no te lo diga, la valorará mucho más de lo que imaginas.

84. Los vendedores somos personas y no máquinas de vender. Este pensamiento es la esencia del comportamiento asertivo en la venta. Recuérdalo.

85. En la venta el pesimismo y el desánimo no tienen cabida. Afronta con valentía los momentos malos; ya pasarán.

86. *La locura es hacer la misma cosa una y otra vez esperando obtener diferentes resultados*. En la venta, milagros no hay.

87. Un vendedor nunca debe trabajar gratis. Nunca olvides que tu producto y, sobre todo, tu servicio tienen un coste.

88. Sé todo lo generoso que puedas, en términos de actitud, con todas las personas con las que te relaciones.

89. Recuerda el Principio de Reciprocidad: todos cuando recibimos algo deseamos corresponder con lo que esté a nuestro alcance. *Se recoge lo que se siembra*.

90. Haber dispensado el mejor trato posible a las personas que te encuentras en la venta, es el mejor balance para cerrar un duro día comercial.

91. La venta es un negocio de personas. Vender es ayudar a la gente; la generosidad emocional es rentable.

92. Si uno mejora como persona, mejora como vendedor.

93. Uno puede cambiar, pero uno no puede cambiar a otro. Es imposible.

94. *El éxito está a la distancia de una decisión*. Decide cambiar en lo que creas necesario, ponte a ello y asume pagar el esfuerzo que haga falta. El premio lo merece.

95. La actividad comercial es una magnífica escuela para aprender a desenvolverse en todo tipo de ambientes. Aprovéchalo.

96. Céntrate. Aprende a ver la verdadera dimensión de tus problemas; no permitas que te controlen.

97. *Las ventanas se pueden abrir, cambiar el aire depende de ti.*

98. *Saber que se puede, querer que se pueda.*

99. *Sé que lo imposible se puede lograr.*

100. Recuerda que sí se puede cambiar. Sólo falta que te decidas.

101. Comienza tu cambio por querer y tratar mejor a los que te rodean. Ellos son parte importante en tus resultados.

102. La música puede ser un gran aliado para el vendedor. Aprovéchala. Llega a rincones insospechados del corazón, pudiendo darte ese empujón anímico que a lo mejor necesitas.

103. Coloca a la vista frases o mensajes motivadores. Son una magnífica herramienta para que no decaigas en tu compromiso de mejora.

104. Si algo te da miedo, no hay nada mejor como pasar a la acción y afrontarlo sin demorarlo más. Lo superarás.

105. Vende siempre desde el enfoque *win-win* en el que ganen las dos partes. Así tendrás al cliente durante años.

106. La convivencia con los demás pasa por no poder hacer siempre lo que uno quiera. Asúmelo y mejorarán tus relaciones.

107. Educa a tus clientes. No siempre tienen la razón y se les puede argumentar asertivamente. Si no se hace desde el mismo inicio de la relación, después ya puede ser tarde.

108. Recuerda el concepto *Tiqui-Taca* trasladado a la venta como el mantenimiento y seguimiento del cliente a base de impactos y contactos programados en el tiempo. Como la fina lluvia que al final cala. Calará y venderás.

109. Que no te presione el cierre. En la venta consultiva debe ser sólo el resultado de un anterior, minucioso y dilatado trabajo de calidad.

110. Pule tu perfil como vendedor para defenderte con equilibrio con todo tipo de cliente y en todas las fases de la venta.

111. *Afila la sierra.* Tu mejor herramienta de trabajo eres tú mismo. Cuídate.

112. No dejes nunca de realizar cada día tu actividad comercial. Ese hábito te llevará al triunfo.

113. La suerte es lo que sucede cuando convergen la preparación y la oportunidad. En la venta, como norma, la suerte no existe.

114. Diseña tu *Tiqui-Taca* personal, ponlo en marcha, persevera y seguro que llegarán las ventas.

115. Ayuda siempre que puedas. *El hoy por ti, mañana por mí* es muy frecuente en la venta.

116. Ríete todo lo posible. La risa tiene innumerables beneficios que son clave a la hora de vender. Entre otros, inmuniza contra la angustia, potencia la creatividad y oxigena los pulmones. A reír toca.

117. Tus buenas intenciones quedarán en nada si no te comprometes por escrito. Márcate un Plan de trabajo por escrito. Pero ya.

118. La preparación supone un 80% del éxito en la venta. No improvises tus entrevistas comerciales. Prepáralas bien.

119. Recuerda planificarte en base a tu ratio de eficacia; la cantidad de actividad comercial que necesitas hacer para alcanzar tus objetivos.

120. Pide, sin miedo, referencias y explótalas. En la venta relacional son la mejor llave para entrar en un cliente.

121. Sé creativo. Si no marcas alguna diferencia con la competencia, estás fuera. Libera tu creatividad.

122. Encaja con fortaleza las negativas de los clientes. Forman parte de la venta.

123. Periódicamente no olvides salir de la carrera y *entrar en boxes*, aunque dejes tu actividad comercial. Tu motor también necesita revisión y combustible.

124. *Hay quien dice que no planifica porque no tiene tiempo cuando en realidad no tiene tiempo porque no planifica.*

125. Que tu veteranía en el trabajo o momentos de gran carga laboral no te hagan dejar de extremar las medidas de seguridad. La salud es lo primero.

126. No permitas que te controlen situaciones estresantes como puede ser conducir. Cambia tu conducción tipo rally por una conducción más relajada. Disfrutarás más y llegarás igual.

127. La labor que haces como vendedor, aunque no te lo digan, es admirable, muy respetable y, encima, absolutamente necesaria. No lo olvides nunca.

128. El tiempo que ahora estás dedicando a la labor comercial sin duda para ti es un activo que te abrirá muchas puertas en el futuro.

129. En tu día a día como vendedor, ojalá cuentes también con el apoyo y el reconocimiento de los tuyos en casa. Lo necesitas.

130. Ser jefe no es tan fácil como parece. Respétalos.

131. Uno no es feliz cuando le pasan cosas buenas en la vida. Es al revés. Esas cosas seguro que ya las tienes y sólo hay que empezar a valorarlas y disfrutarlas. Empieza ya si quieres triunfar.

132. Disfruta vendiendo, así llegarán los resultados y con ellos tendrás asegurado el futuro.

133. Querer a los demás, definitivamente, resulta rentable.

134. *Saber que se puede, querer que se pueda;* tus ventas y, sobre todo, tu equilibrio profesional como vendedor ahora dependen de ti. Enhorabuena.

BIBLIOGRAFÍA

Álava Reyes, Mª Jesús. RECUPERAR LA ILUSIÓN. Ed. La Esfera de los Libros, 2011

Alcaide Hernández, Francisco. APRENDIENDO DE LOS MEJORES. Alienta Editorial, 2013

Alcat, Enrique. ¡INFLUYE!. Alienta Editorial, 2011

Bach, Eva; Forés, Anna. LA ASERTIVIDAD PARA GENTE EXTRAORDINARIA. Plataforma Editorial, 2011

Carnegie, Dale. CÓMO GANAR AMIGOS E INFLUIR SOBRE LAS PERSONAS. Ed. Edhasa, 1976

Carnegie, Dale. CÓMO SUPRIMIR LAS PREOCUPACIONES Y DISFRUTAR DE LA VIDA. Ed. Sudamericana, 1986

Castanyer, Olga. LA ASERTIVIDAD. EXPRESIÓN DE UNA SANA AUTOESTIMA. Ed. Desclée De Brouwer, 2011

Cavalieri, Lorenzo. VENDER ME GUSTA. Plataforma Editorial, 2013

Covey, Stephen R. LOS 7 HÁBITOS DE LA GENTE ALTAMENTE EFECTIVA. Ed. Paidós, 1990

Dyer, Wayne W. TUS ZONAS ERRÓNEAS. Ed. Grijalbo, 1978

Frankl, Viktor. EL HOMBRE EN BUSCA DE SENTIDO. Ed. Herder, 2004

González-Guillem, David; Antona Cervera, José María. NO PIERDA EL TIEMPO VENDIENDO. Ed. Sinergia, 2012

Hill, Napoleon. PIENSE Y HÁGASE RICO. Ed. Grijalbo, 1990

Hopkins, Tom. DOMINANDO EL ARTE DE VENDER. Ed. Maeva-Lasser, 1987

Mandino, Og. EL VENDEDOR MÁS GRANDE DEL MUNDO. Ed. Grijalbo, 1979

Märtin, Doris; Boeck Karin. EQ QUÉ ES INTELIGENCIA EMOCIONAL. Ed. EDAF, 1997

Moya Albiol, Luis. LA EMPATÍA. Plataforma Editorial, 2014

Pink, Daniel H. VENDER ES HUMANO. Ed. Gestión 2000, 2013

Punset, Eduardo. EL VIAJE A LA FELICIDAD. Ed. Destino, 2005

Puszczalo, Pablo. VENDEDOR MALO, VENDEDOR BUENO. Ed. LID, 2007

Reyes, Manel. LAS 4 LEYES DE LAS OPORTUNIDADES. Ed. Paidós, 2012

Rojas Marcos, Luis. NUESTRA FELICIDAD. Ed. Espasa Calpe, 2006

Ryan, Michael F. LA LIBERTAD ÚLTIMA. Plataforma Editorial, 2012

Santandreu, Rafael. EL ARTE DE NO AMARGARSE LA VIDA. Ed. Oniro, 2012

Secher, Bjorn. LA CLAVE DEL ÉXITO POR EL DOMINIO DE LA MENTE. Ed. EDAF, 1983

Sharma, Robin. EL LÍDER QUE NO TENÍA CARGO. Ed. Grijalbo, 2010

AGRADECIMIENTOS

Gracias a mi familia. A ti madre por tu permanente ejemplo de superación y a vosotros, mis hermanos, por ser mi escuela de valores. Ignacio, mi gemelo, mi socio; sabes que este libro también es tuyo. Jorge, gracias por ser la primera persona que confió en mí como vendedor. Bubi, qué buenas ideas y consejos me has dado para mejorar el libro; gracias de verdad.

También quiero dar las gracias a Angelita, mi suegra; y con ella a mis cuñados y a Vito. Vuestro apoyo y aportaciones hechas desde el cariño para mí han sido muy importantes.

De mi familia no olvido a los que se nos han ido; mi padre, Carlos, Antonio y Jesús, así como mi recordado suegro, también Antonio. Vuestra ausencia le ha dado mucha vida a este libro. También os debo mucho.

Muchísimas gracias a toda la gran familia MRC. Estoy seguro que si no os conozco hace ahora ocho años, no escribo este libro. Vuestra inmensa calidad humana ha sido para mí una fuente permanente de inspiración. Carlos, Manolo, María os agradezco de forma especial el haber hecho vuestro este libro y toda la ayuda que me habéis prestado. Joan, gracias por estar siempre ahí; qué gran amigo eres. Davidovich, mi compañero, nunca olvido que hace años creyeras en mí como escritor mucho más que yo mismo.

A todos mis clientes, también mil gracias; lo que sé de ventas lo he aprendido con vosotros, en un viaje para mí apasionante. Y a todos los participantes que os habéis dejado entrenar por mí, gracias por darme la oportunidad de conoceros. Compartir con vosotros tantas horas de sala ha sido todo un lujo. De verdad.

Carlos, mi joven sobrino periodista, gracias por hacer la primera corrección del libro dedicándole un tiempo que no tenías. Arancha, mi también sobrina y bióloga, te agradezco mucho el ilustrarme tan acertadamente en lo tuyo. Alfredo, doctor y amigo, mil gracias por tu asesoramiento en los temas médicos que recoge mi historia.

Y Francesc, mi editor; gracias también por tu insensatez al confiar en este escritor primerizo. De verdad que has hecho realidad un sueño. Ahora me falta plantar el árbol.

ladislao.molla@mrctraining.com